QUESTO LIBRO APPARTIENE A:

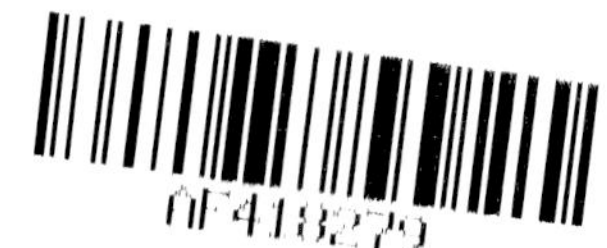

____

____

____

____

Altri Libri Da Colorare:

Per altri libri divertenti da Colorare di YD colorare,
cerca simplicemente (YD Colorare)

YD Colorare

Pagina Prova Colore

Pagina Prova Colore

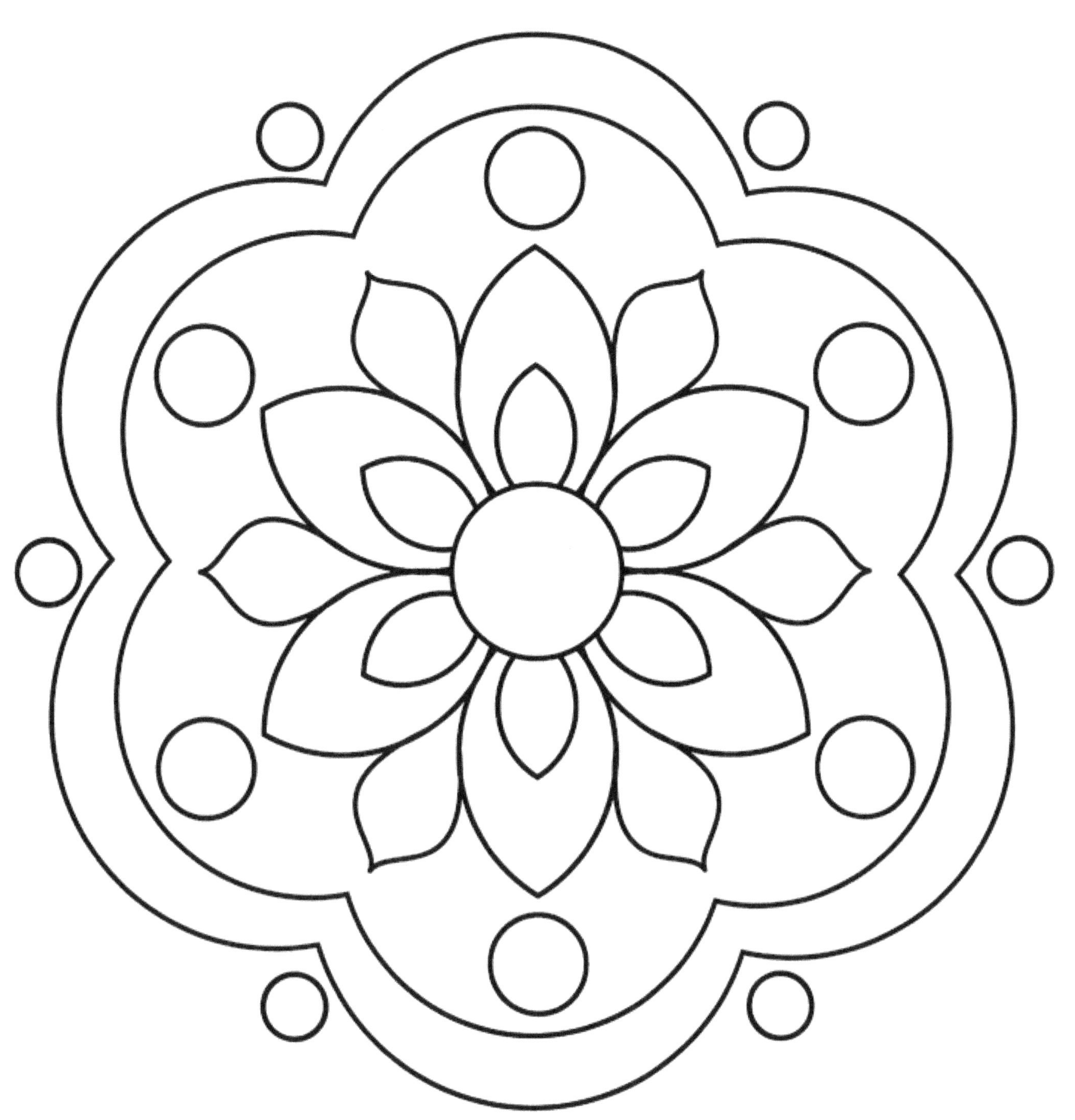

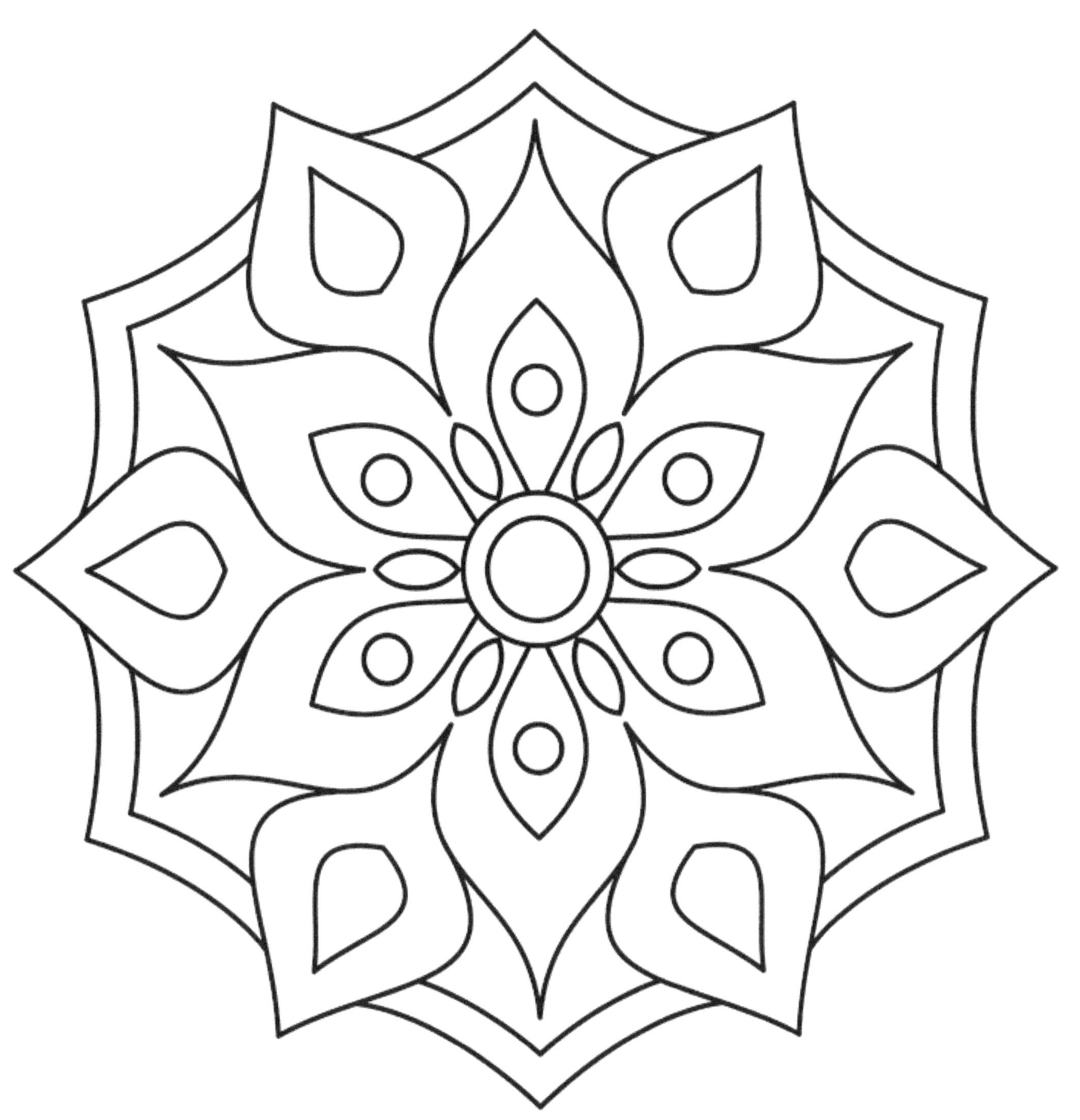

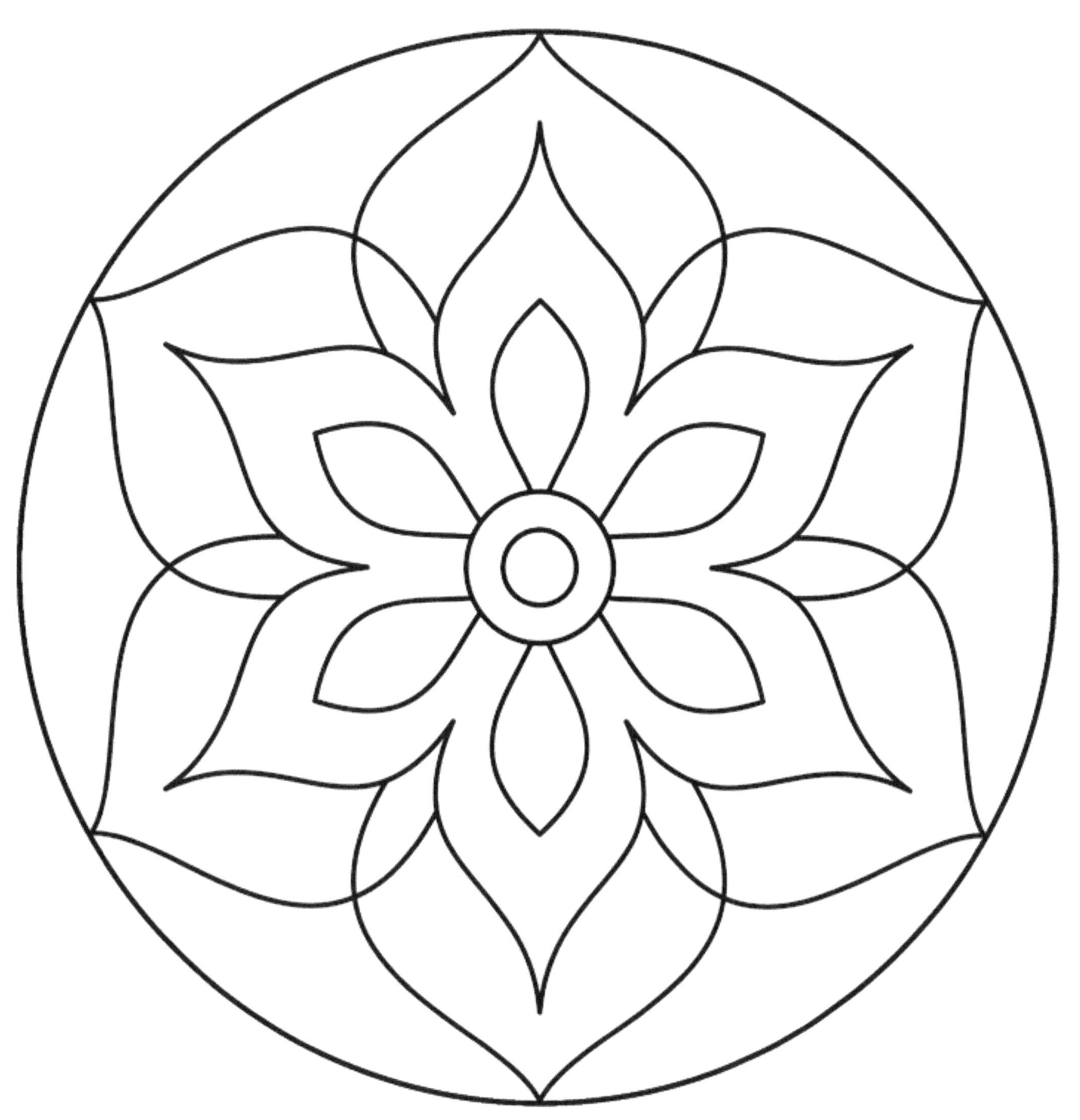

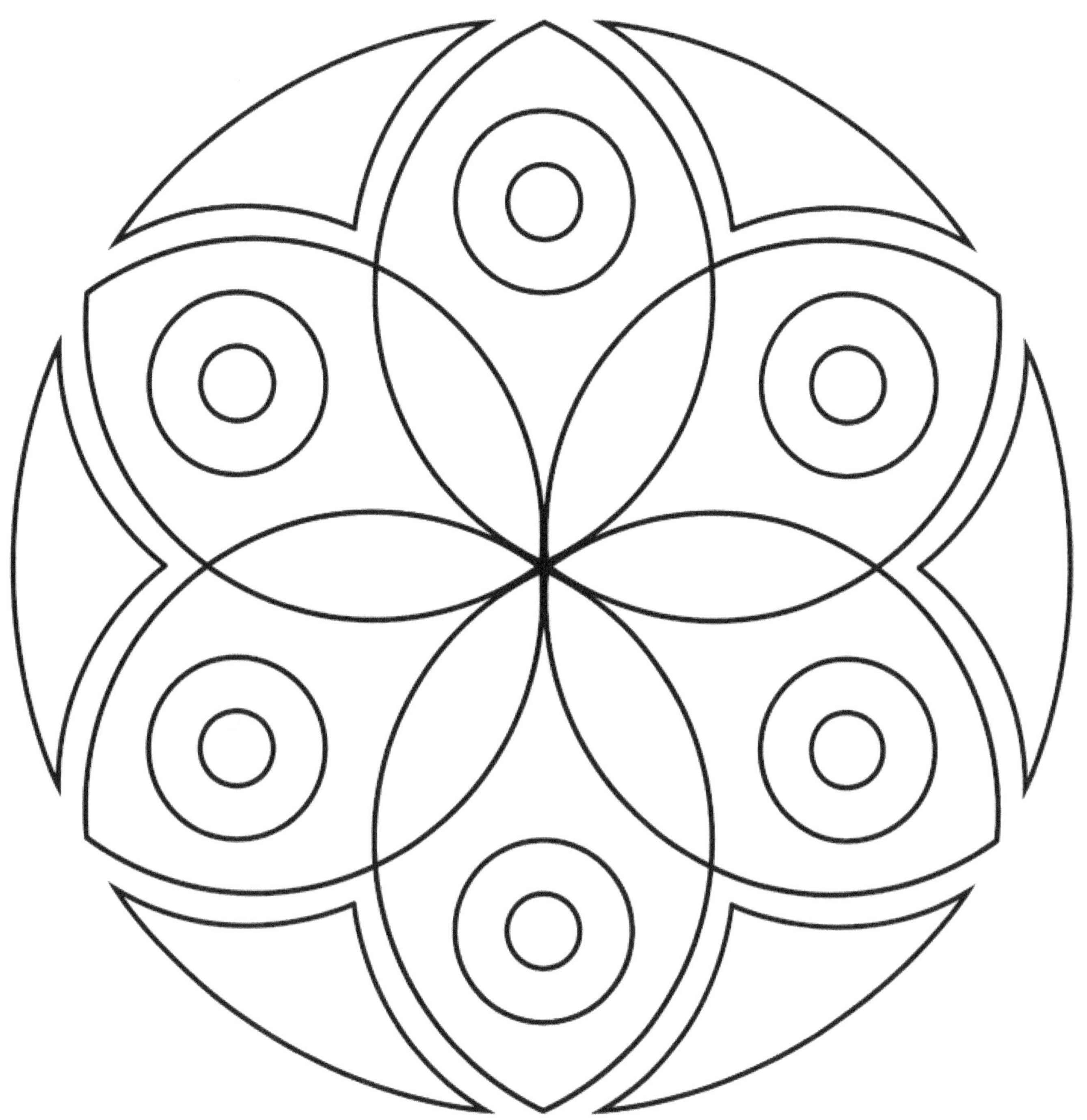

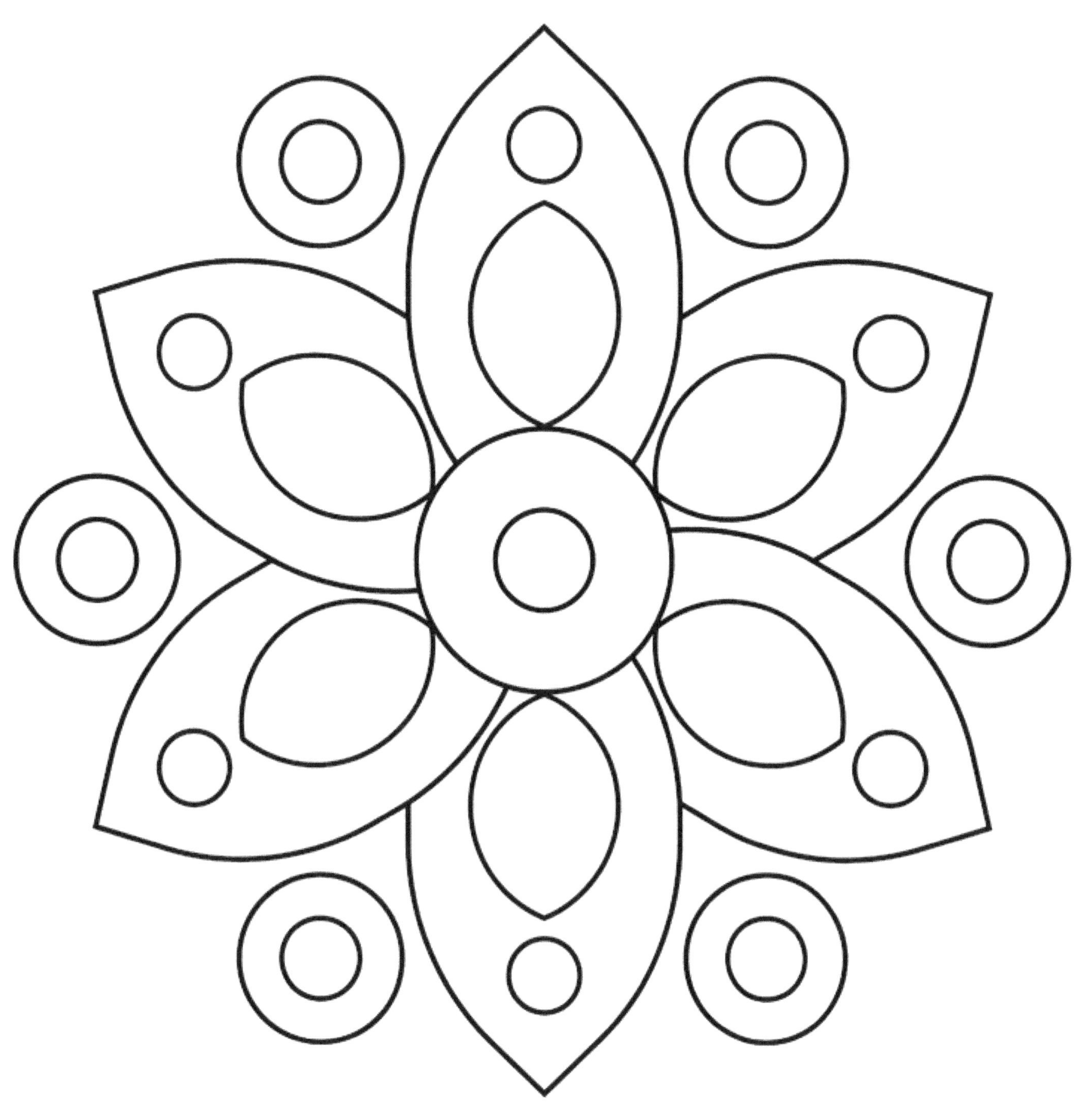

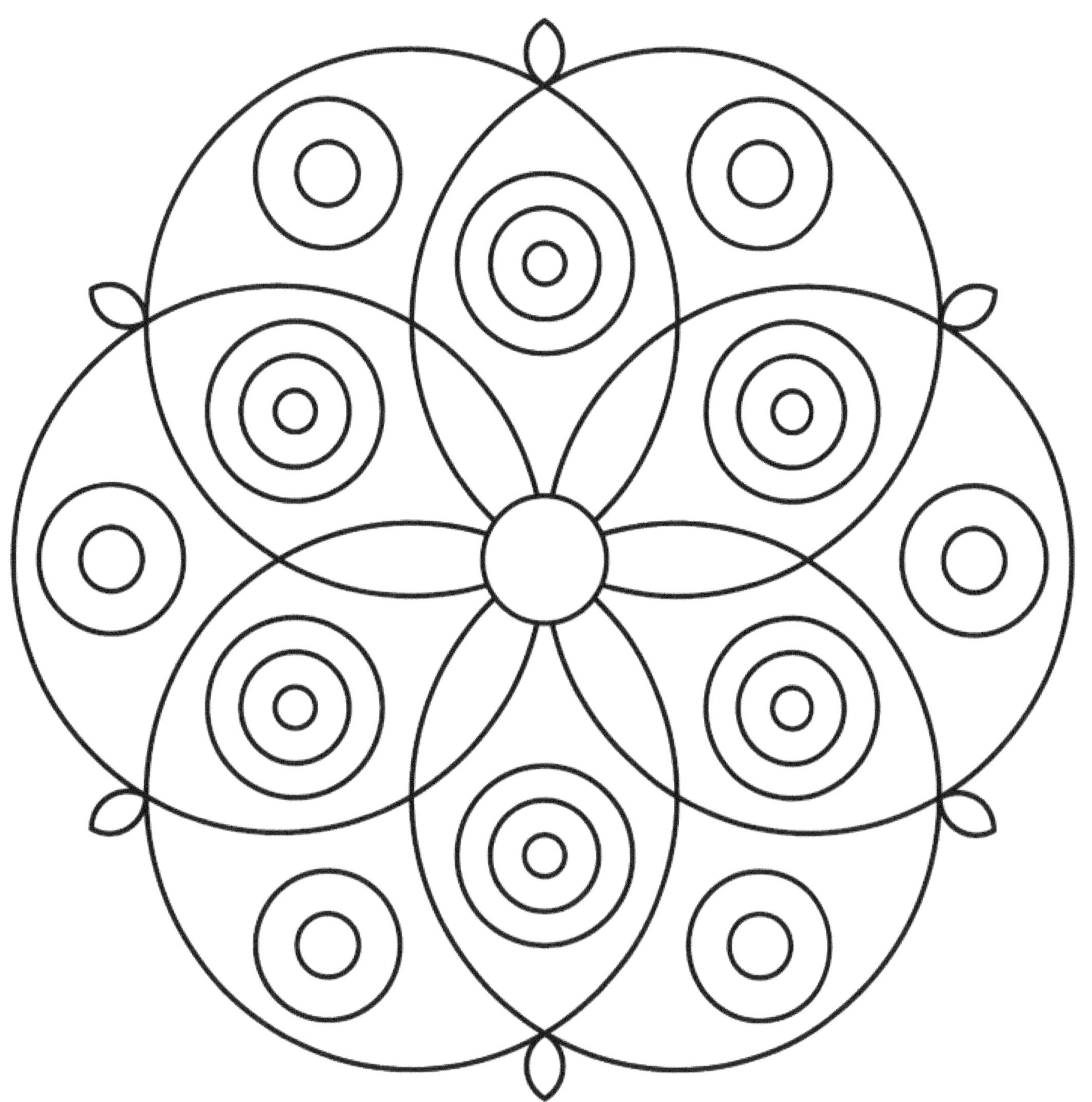

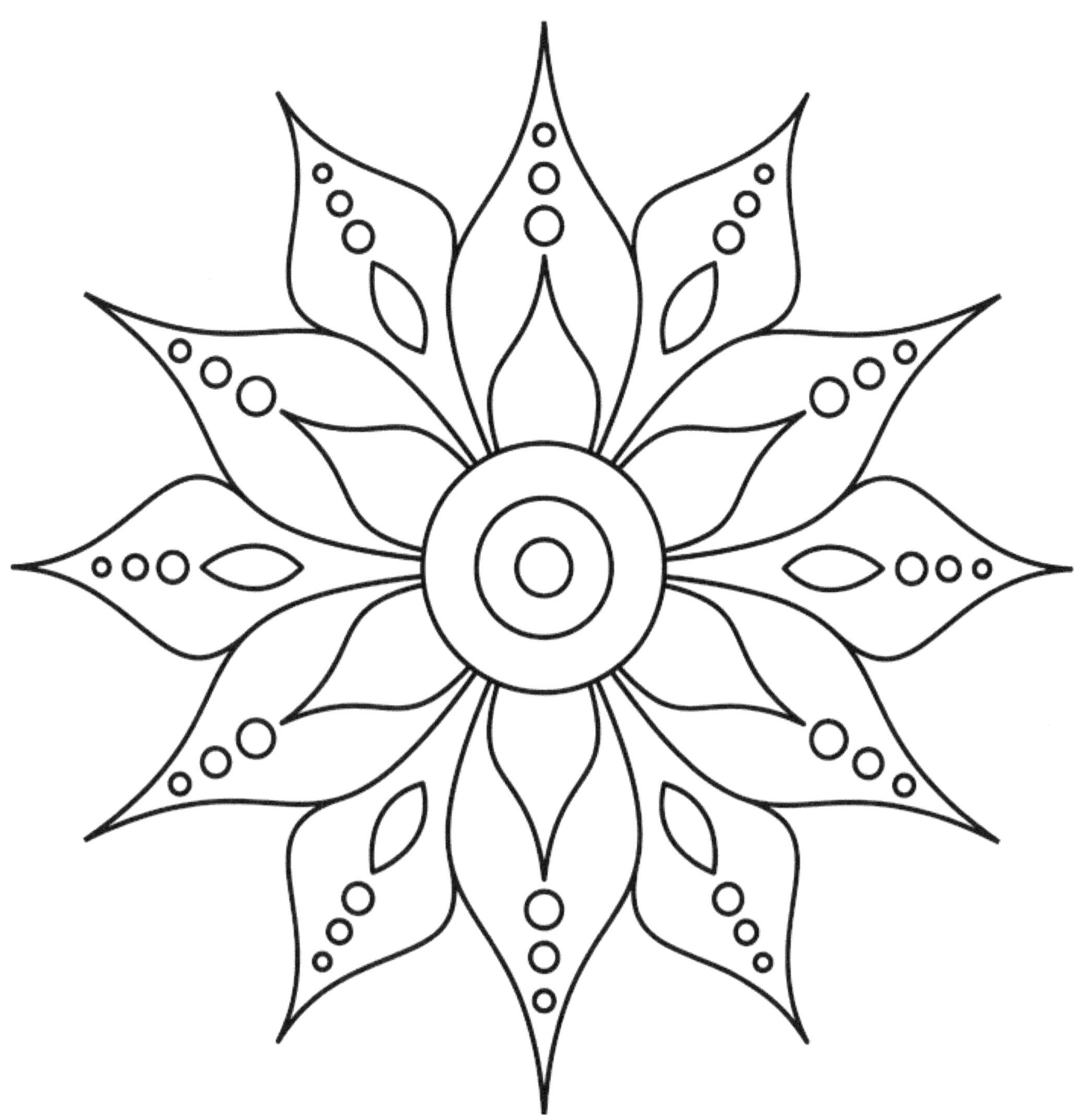

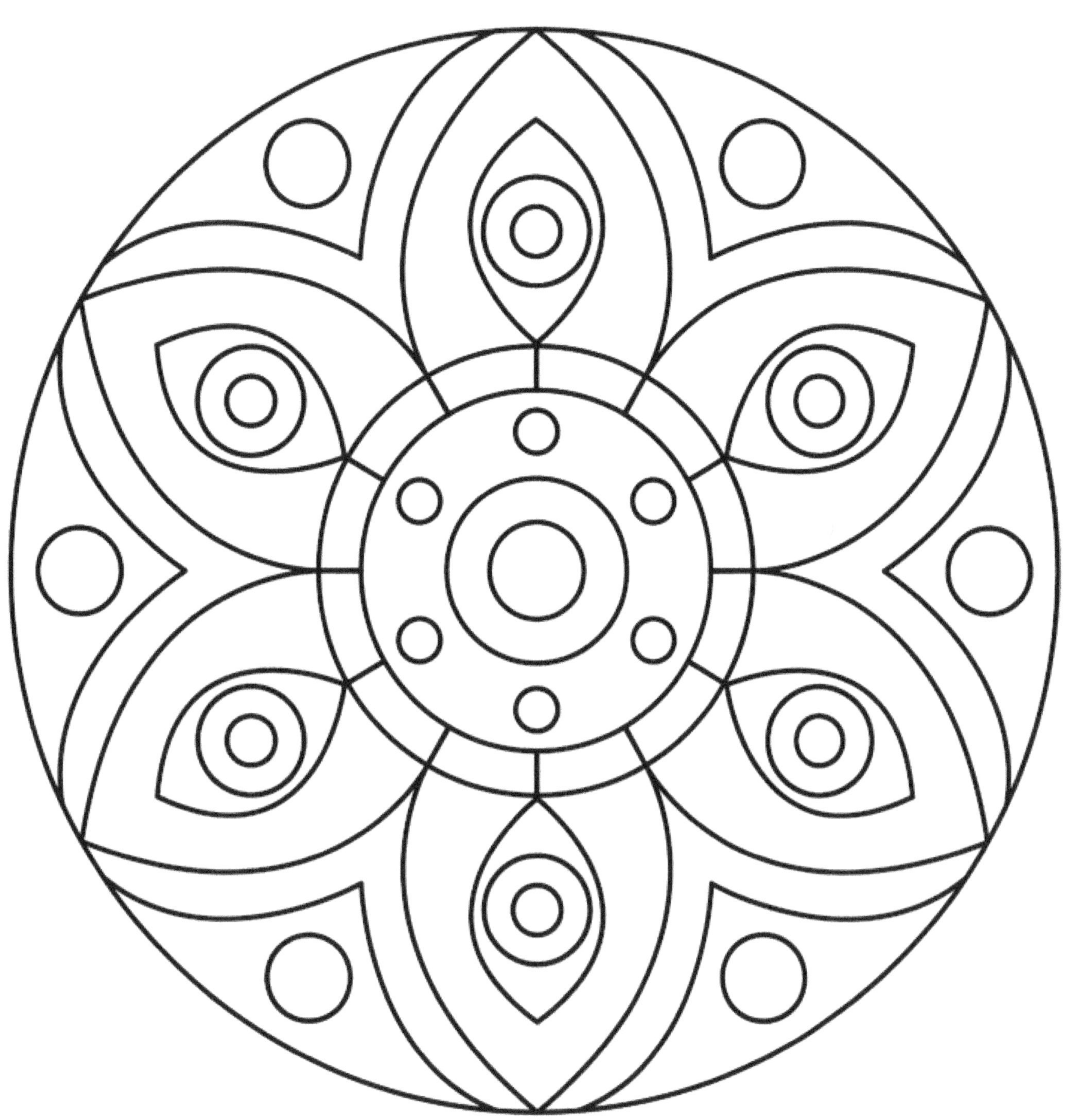

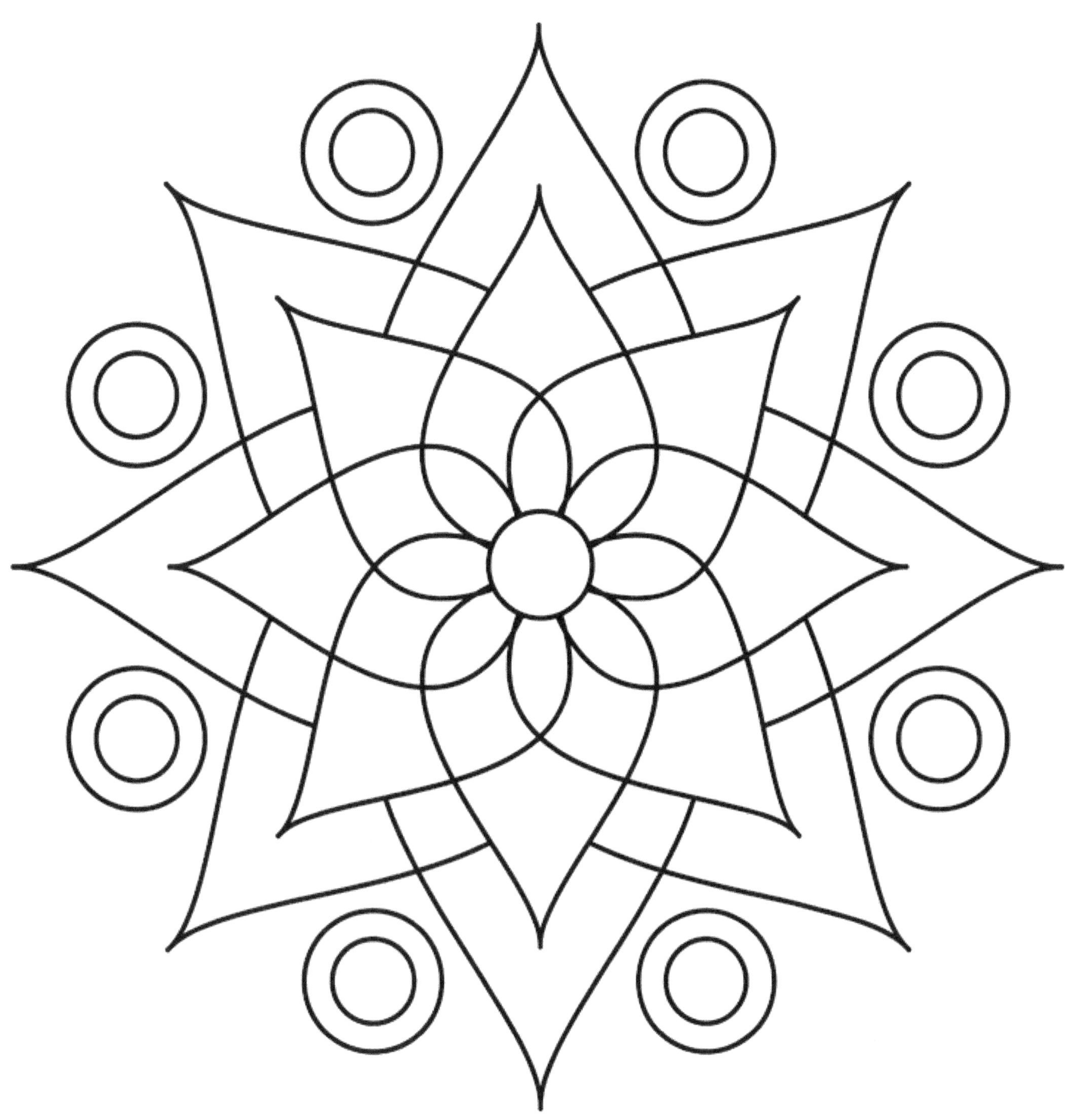

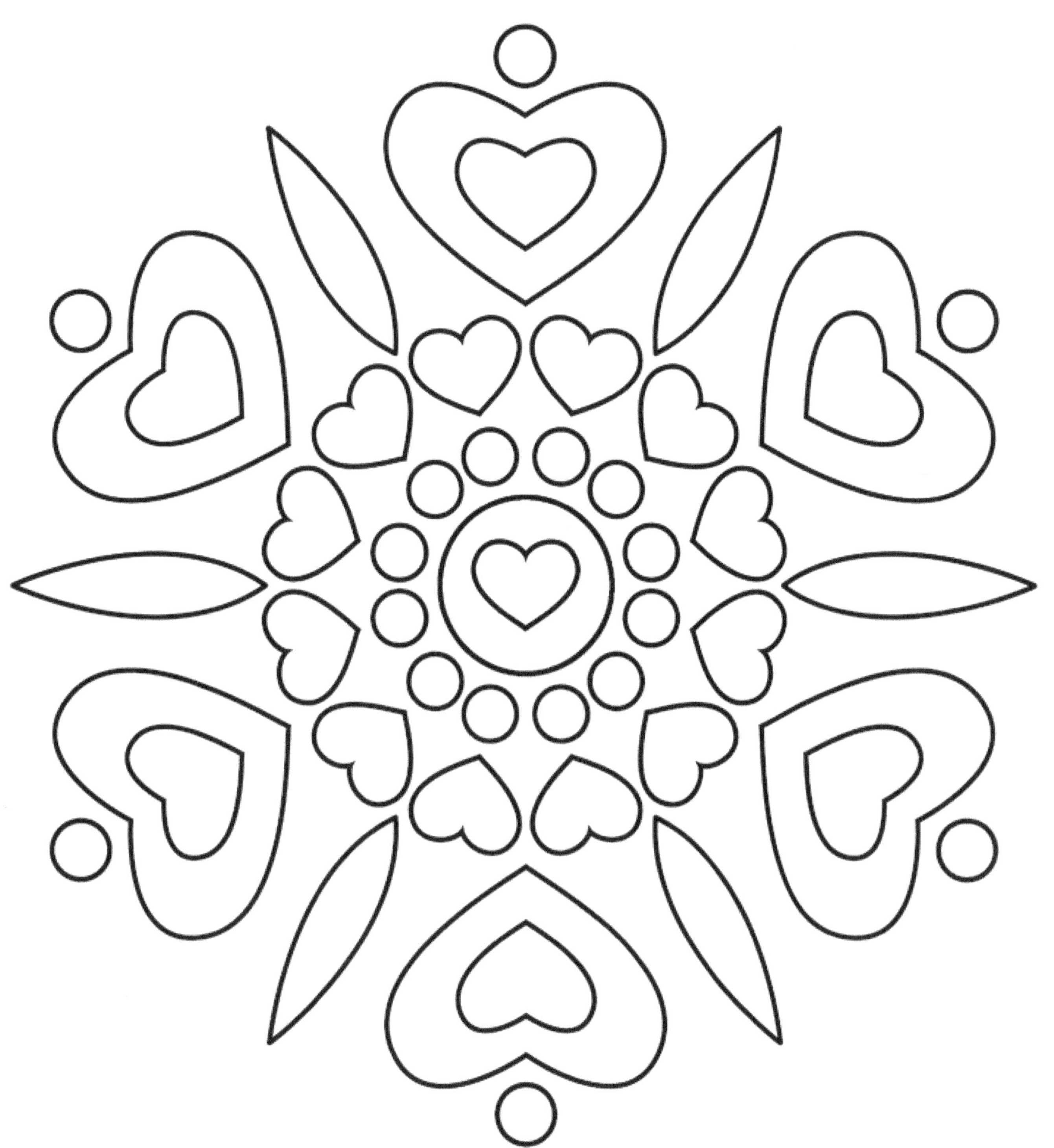

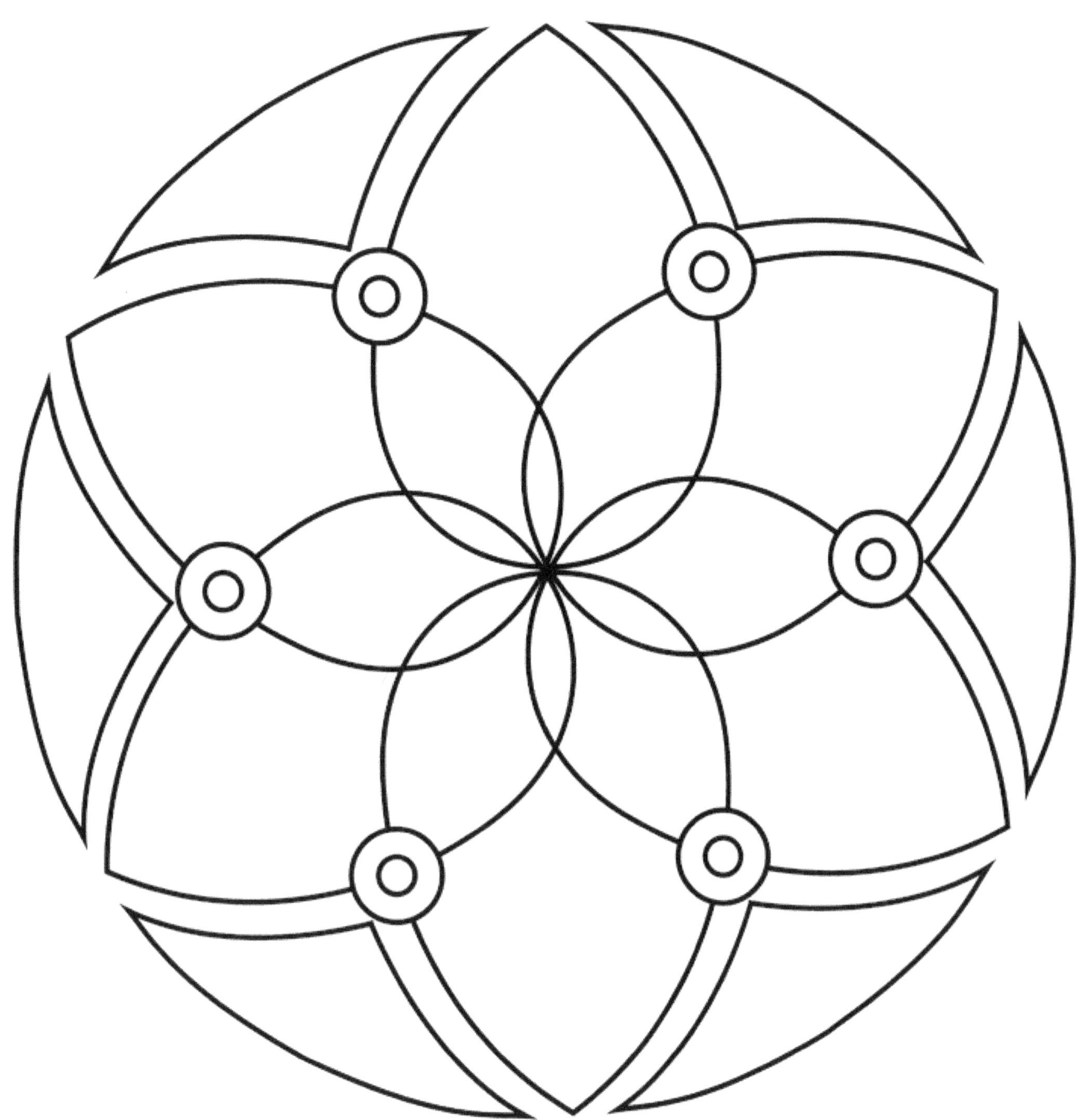

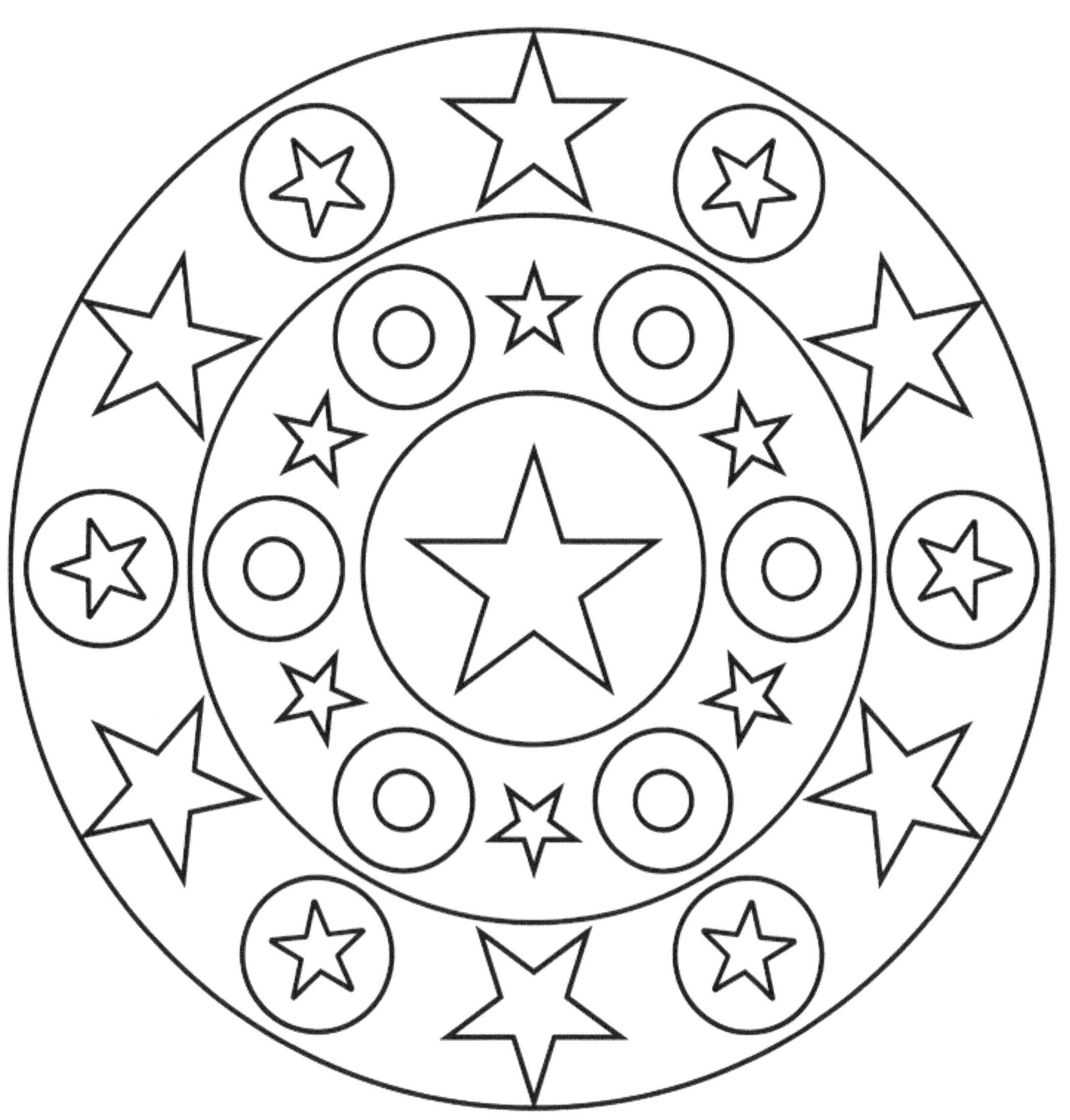

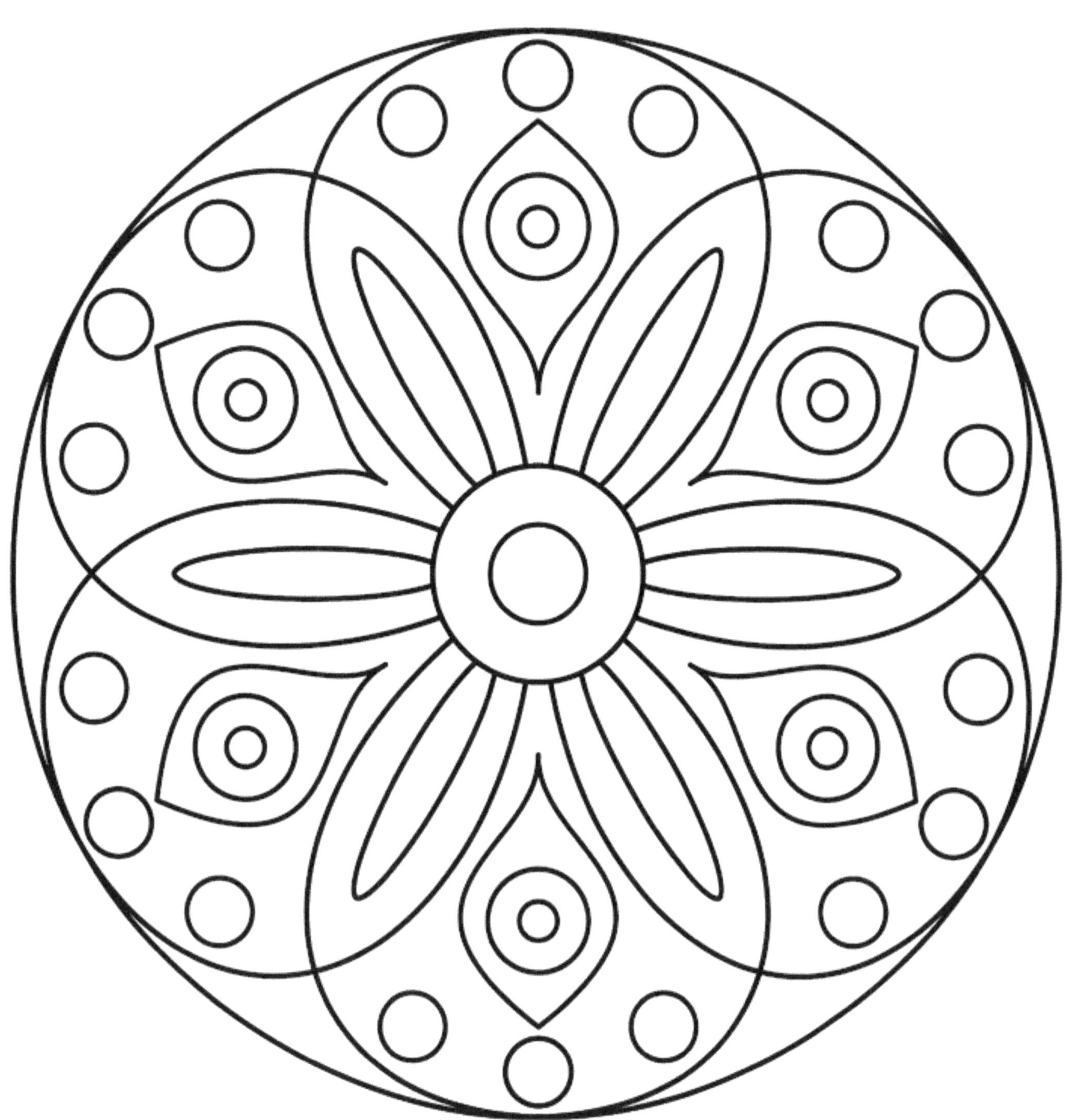

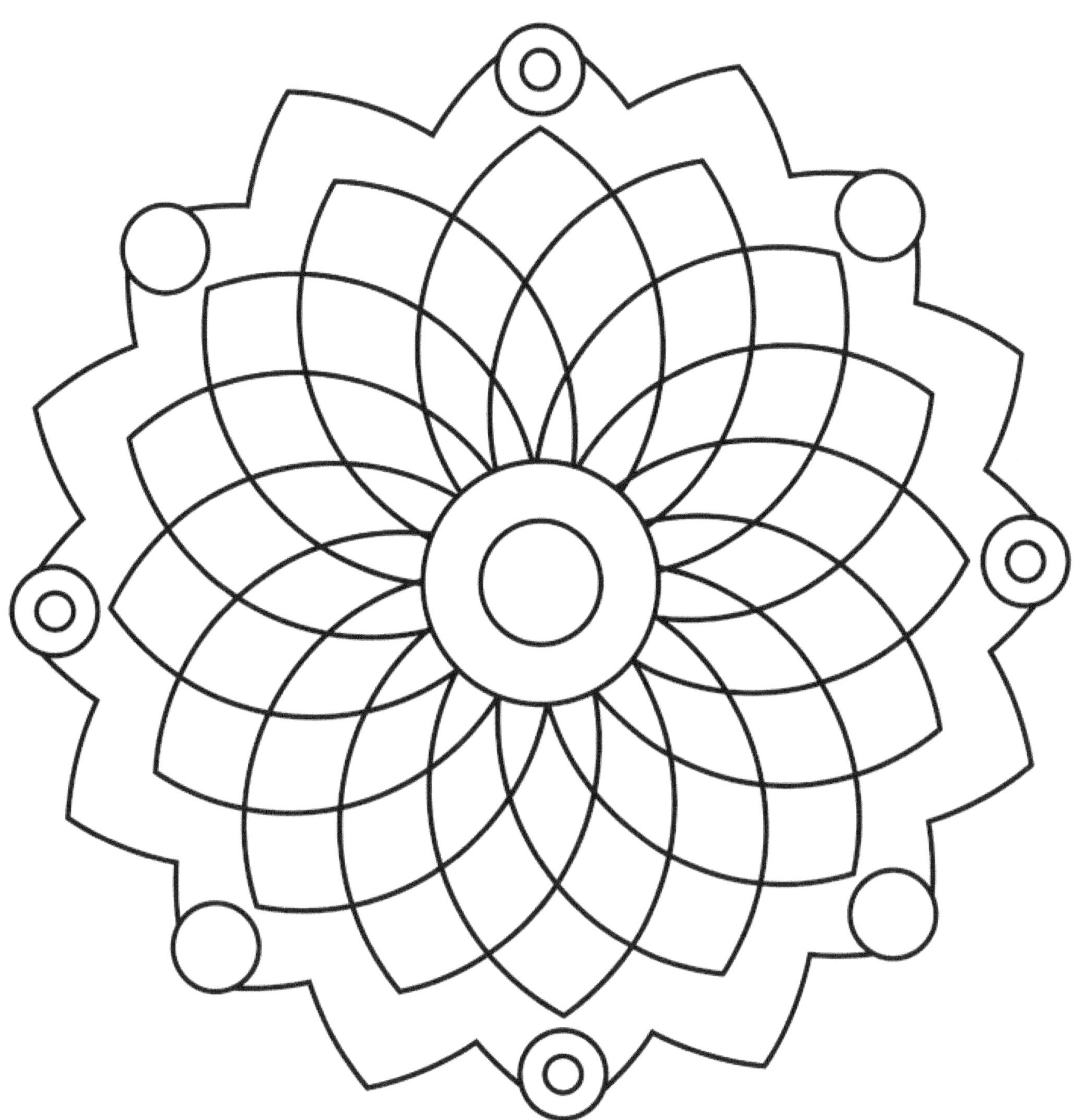

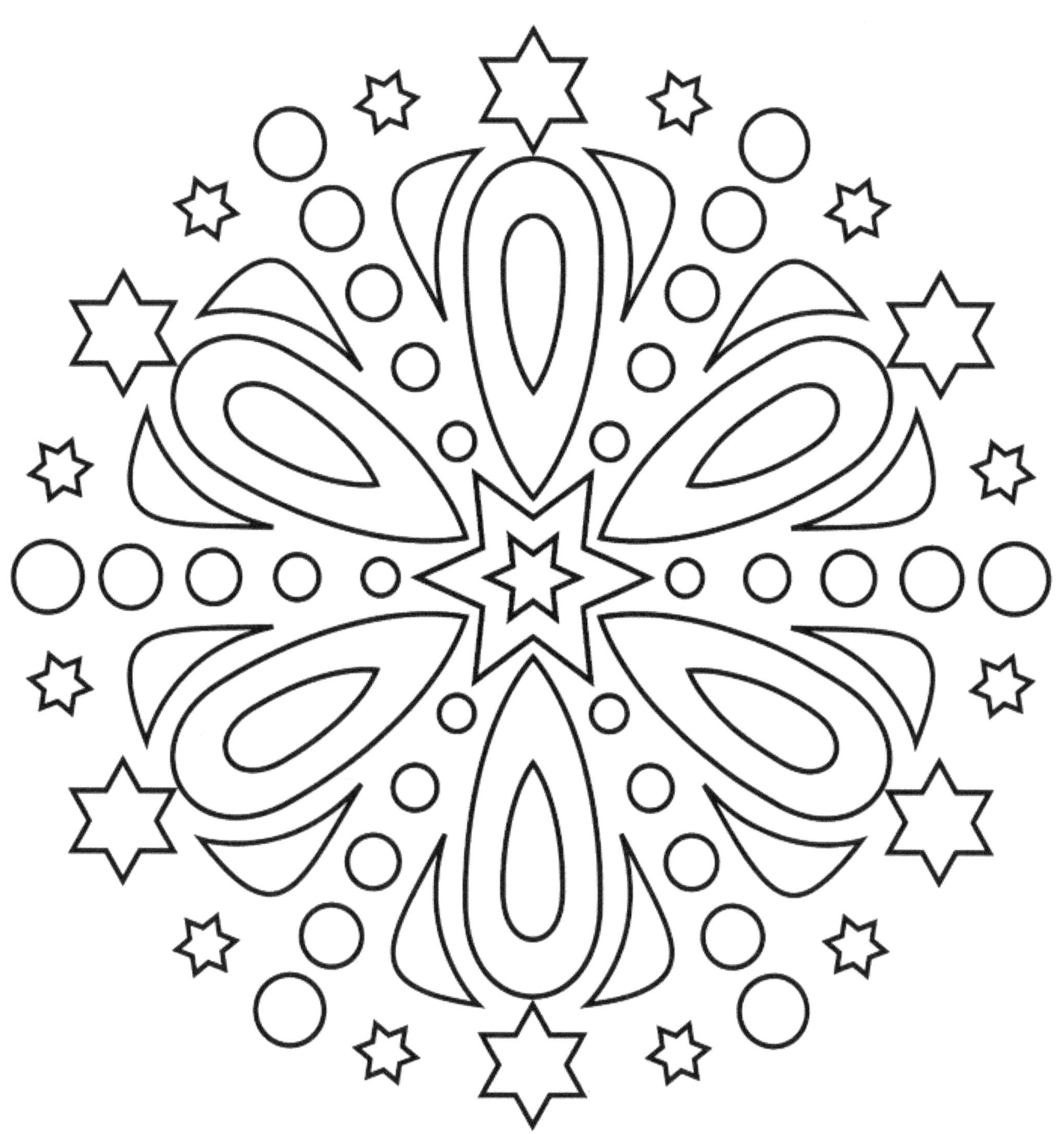

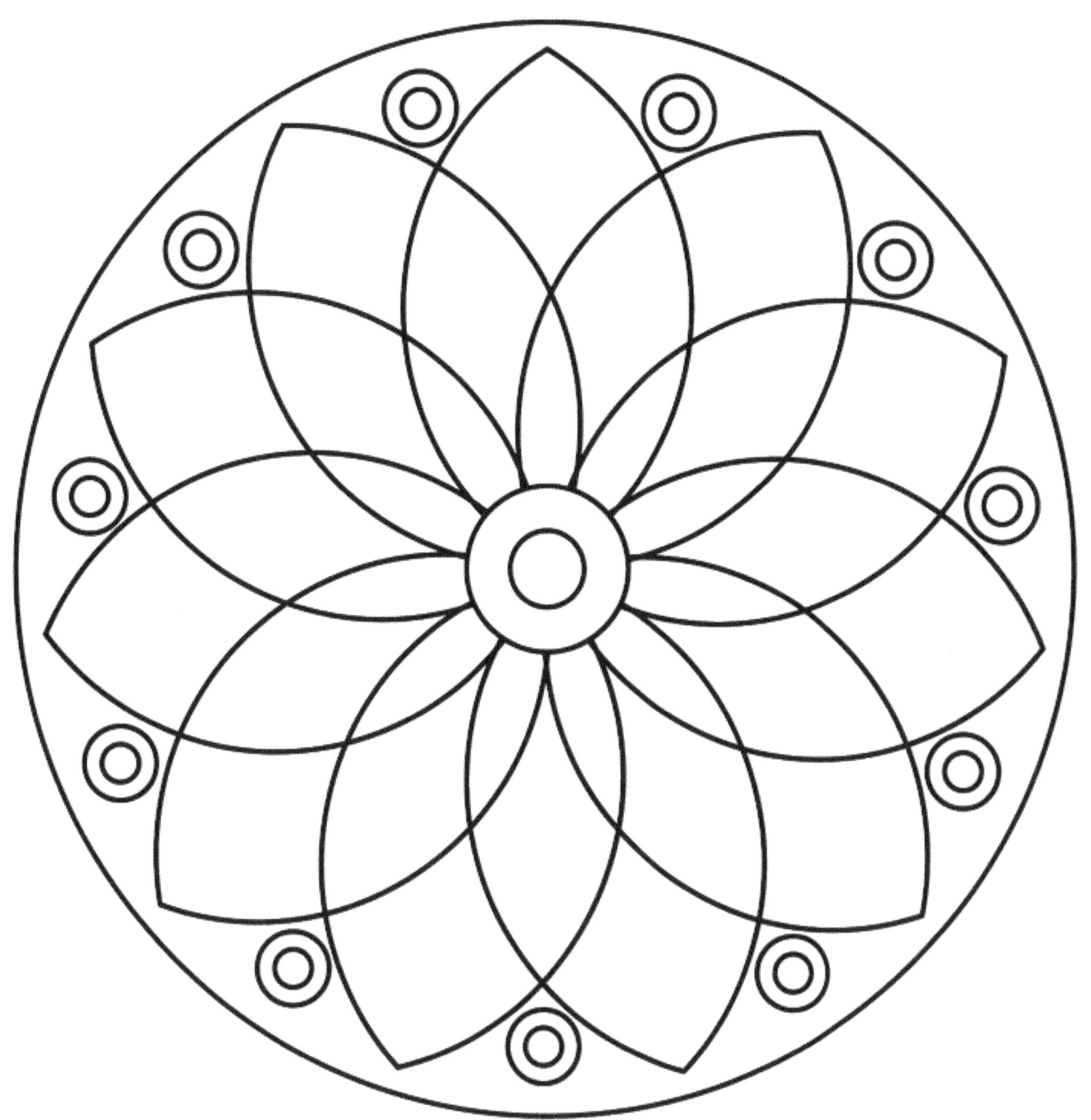

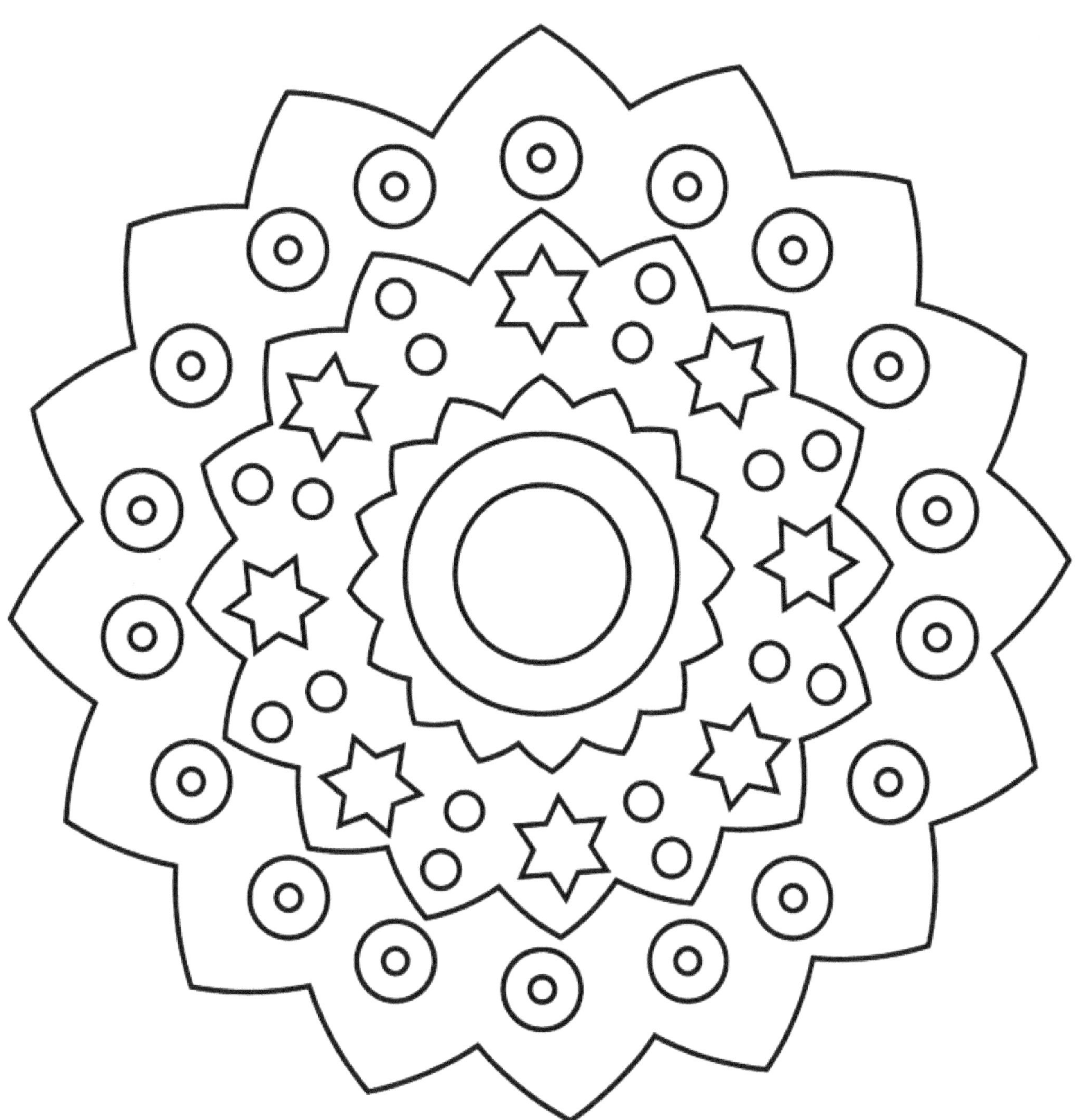

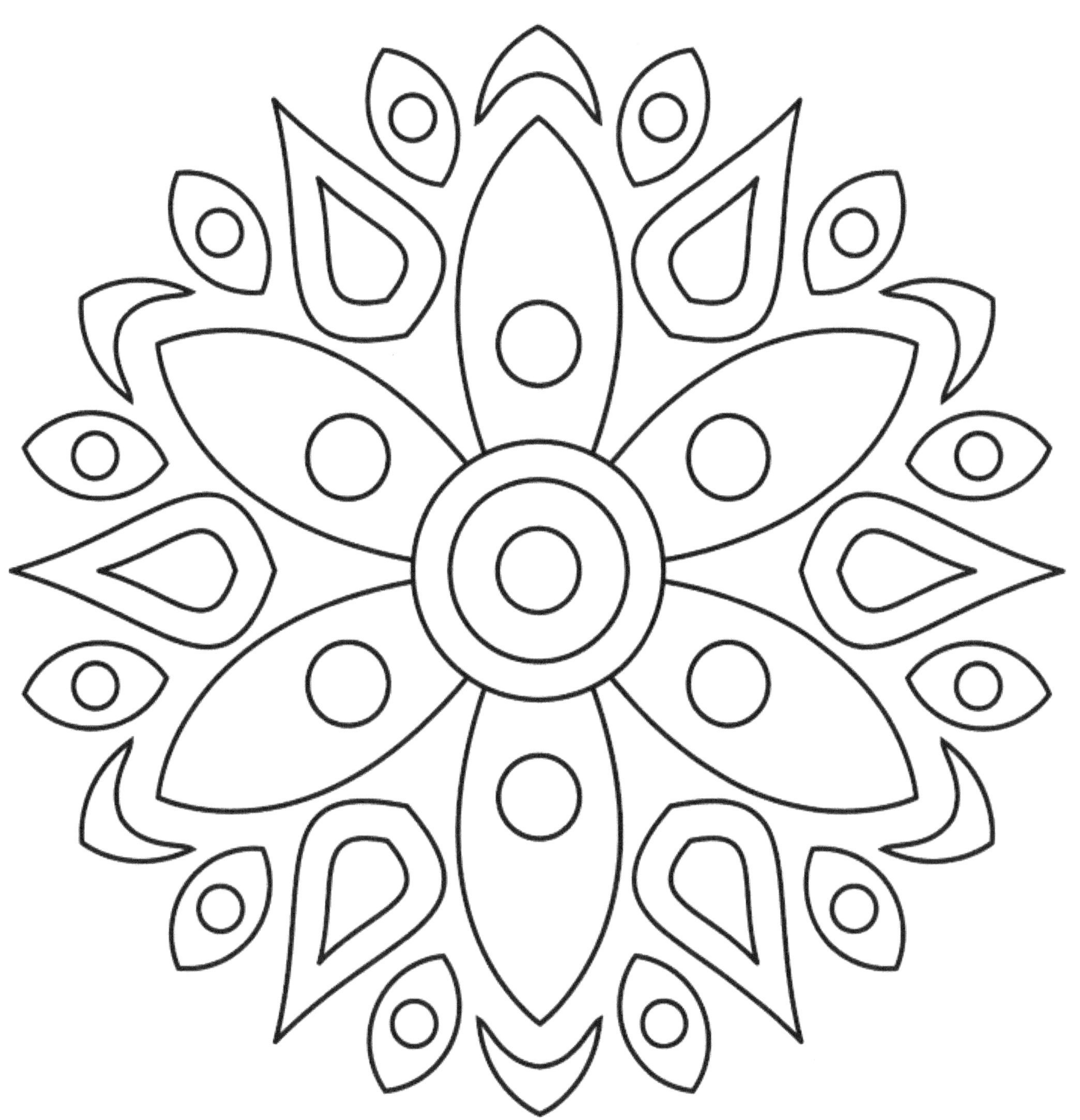

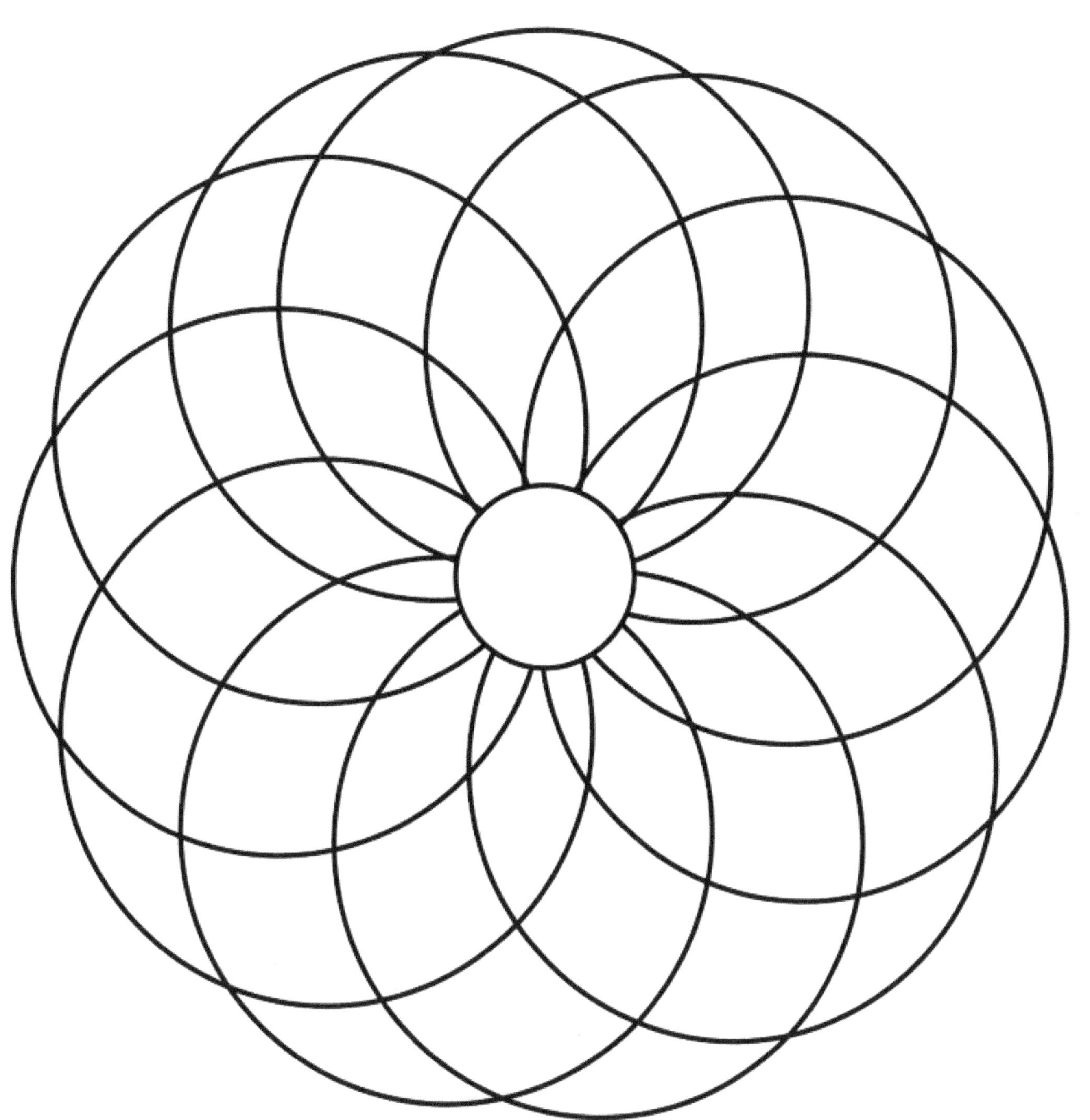

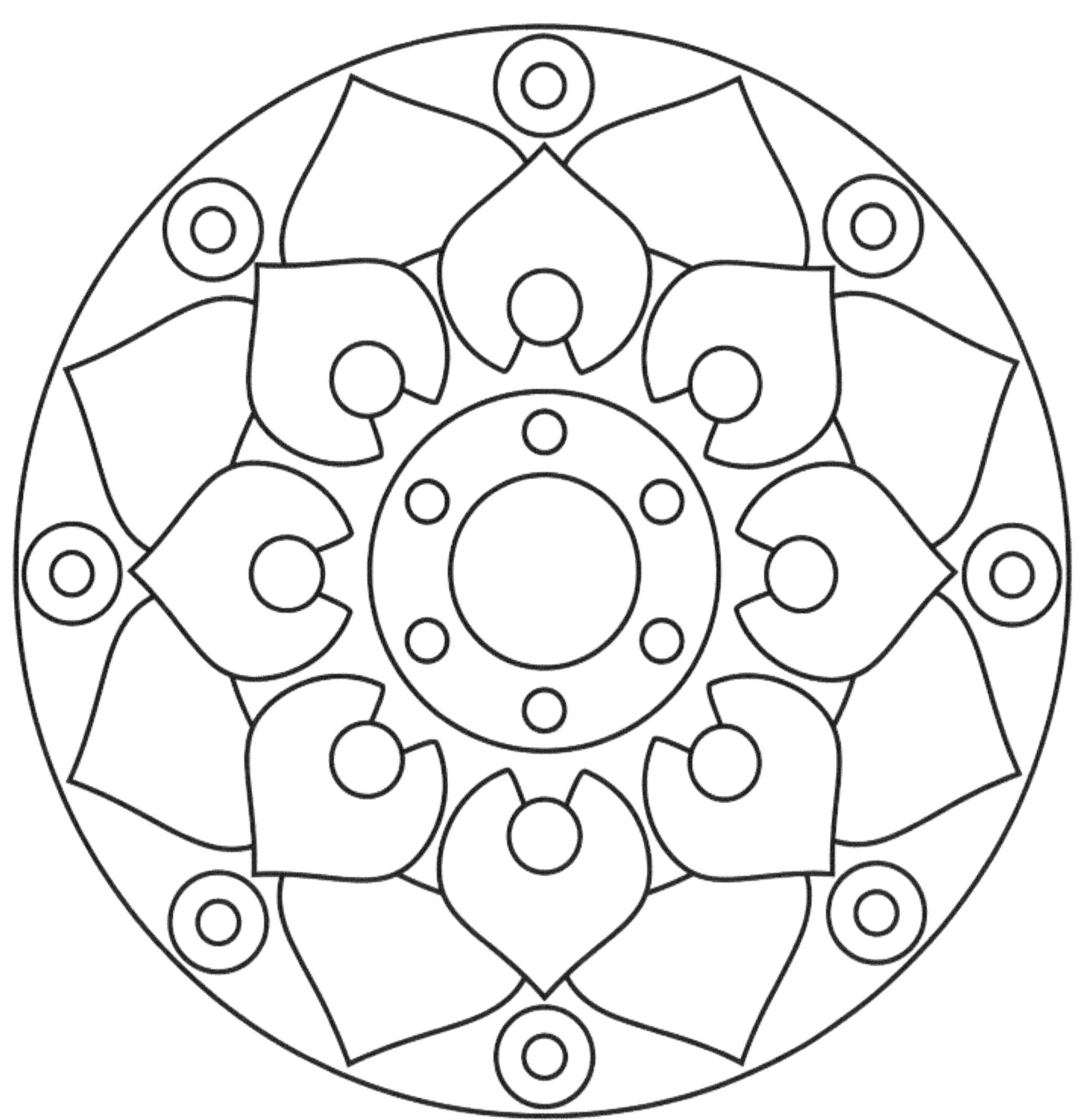

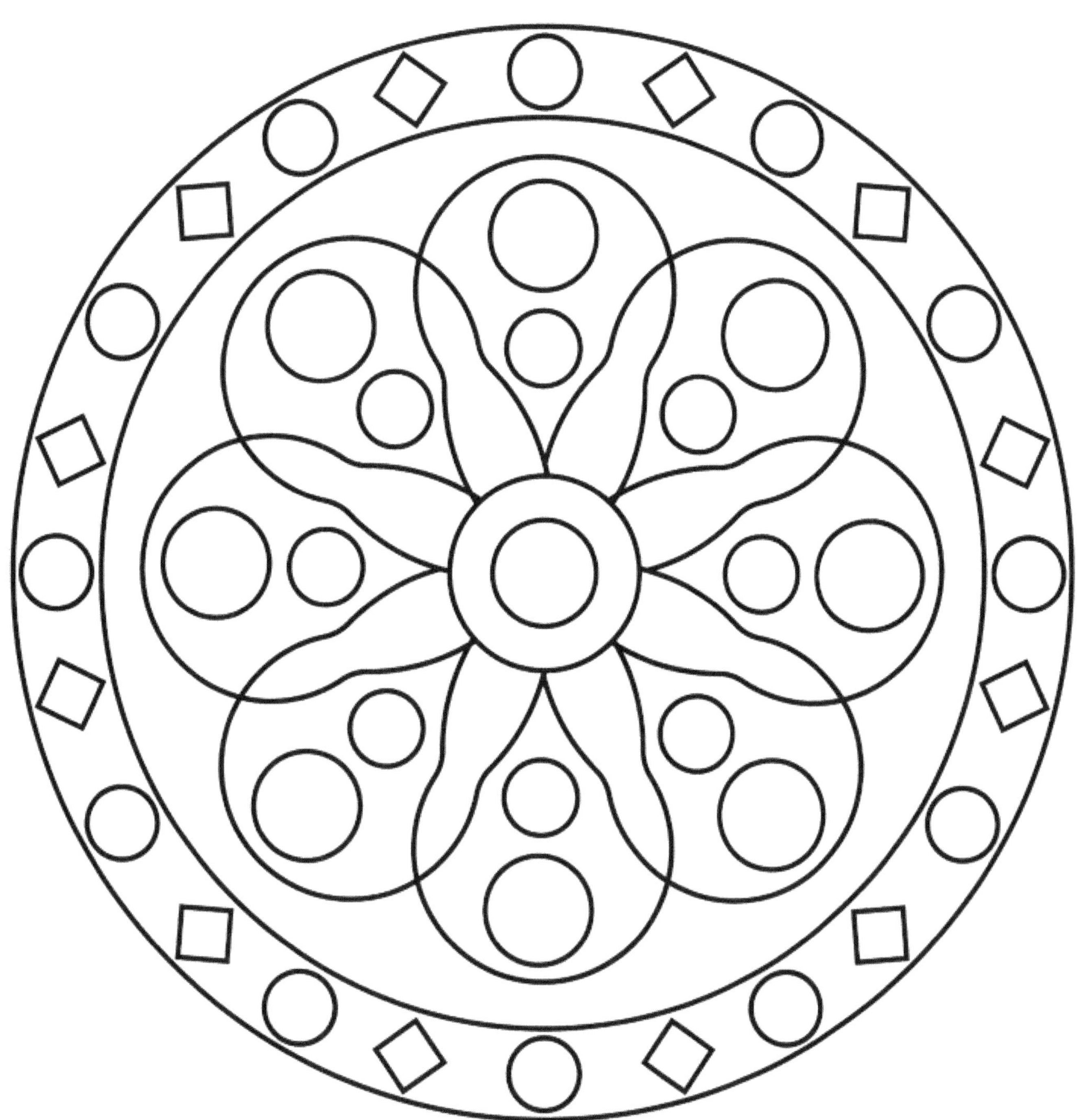

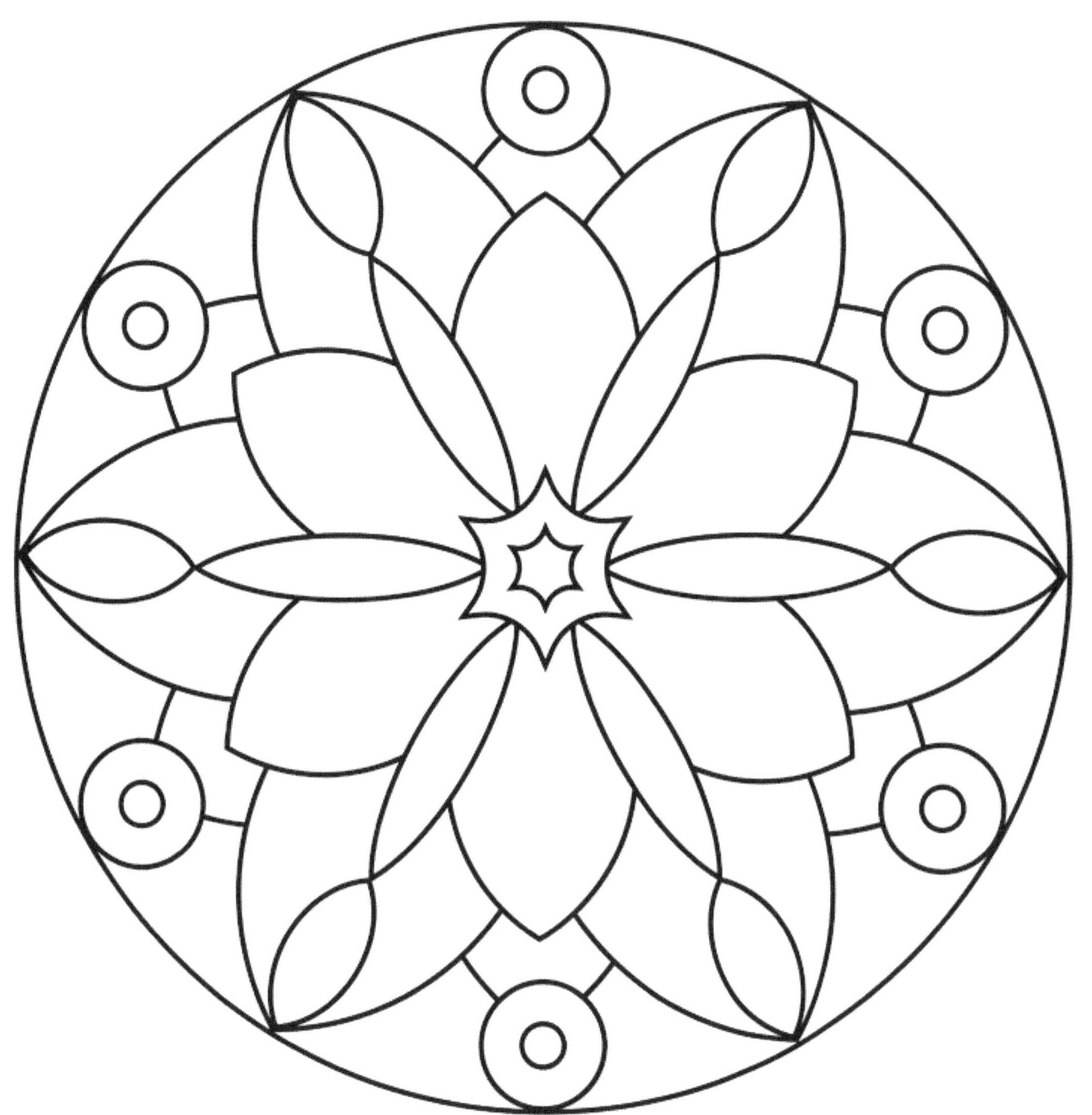

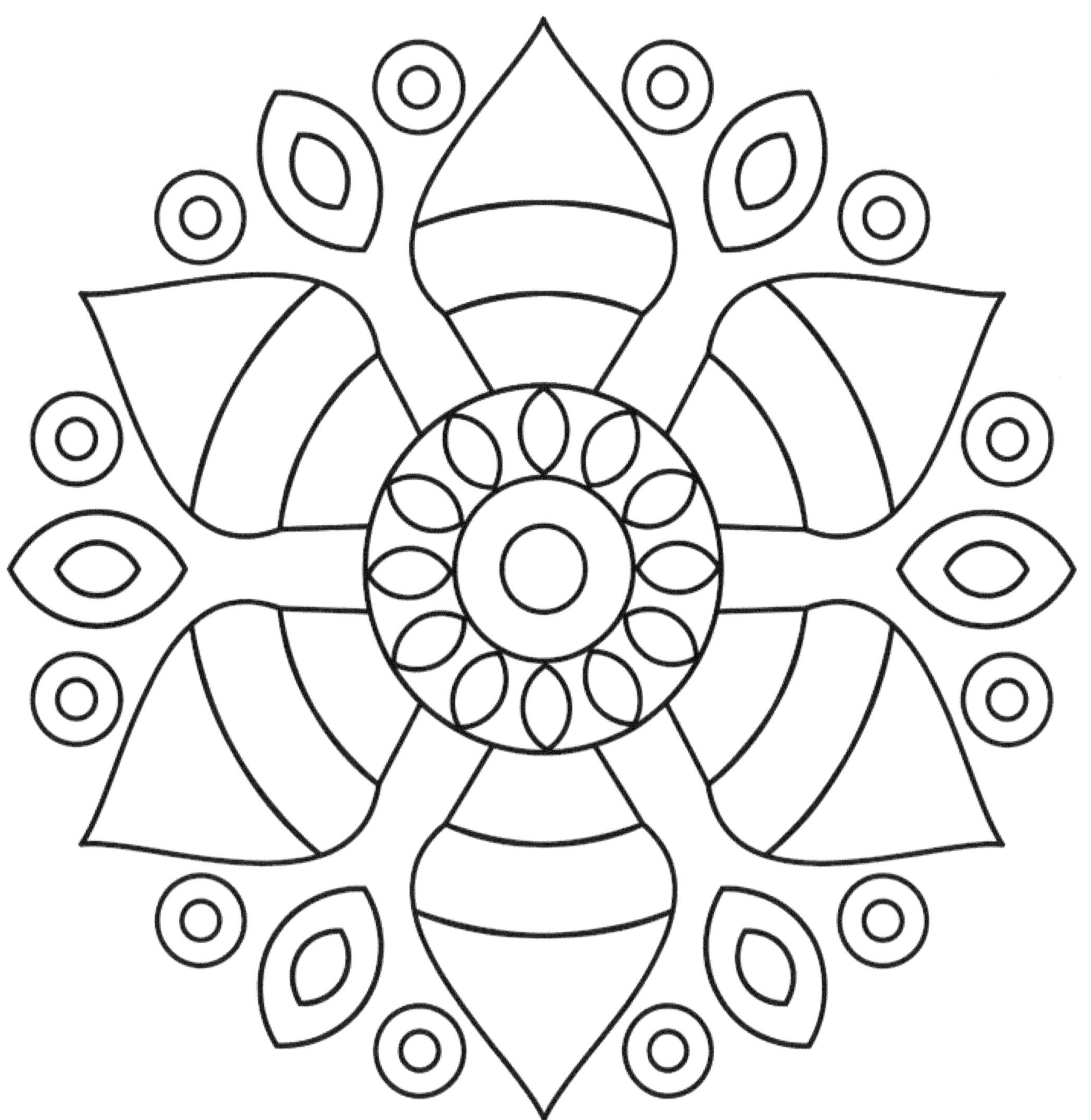

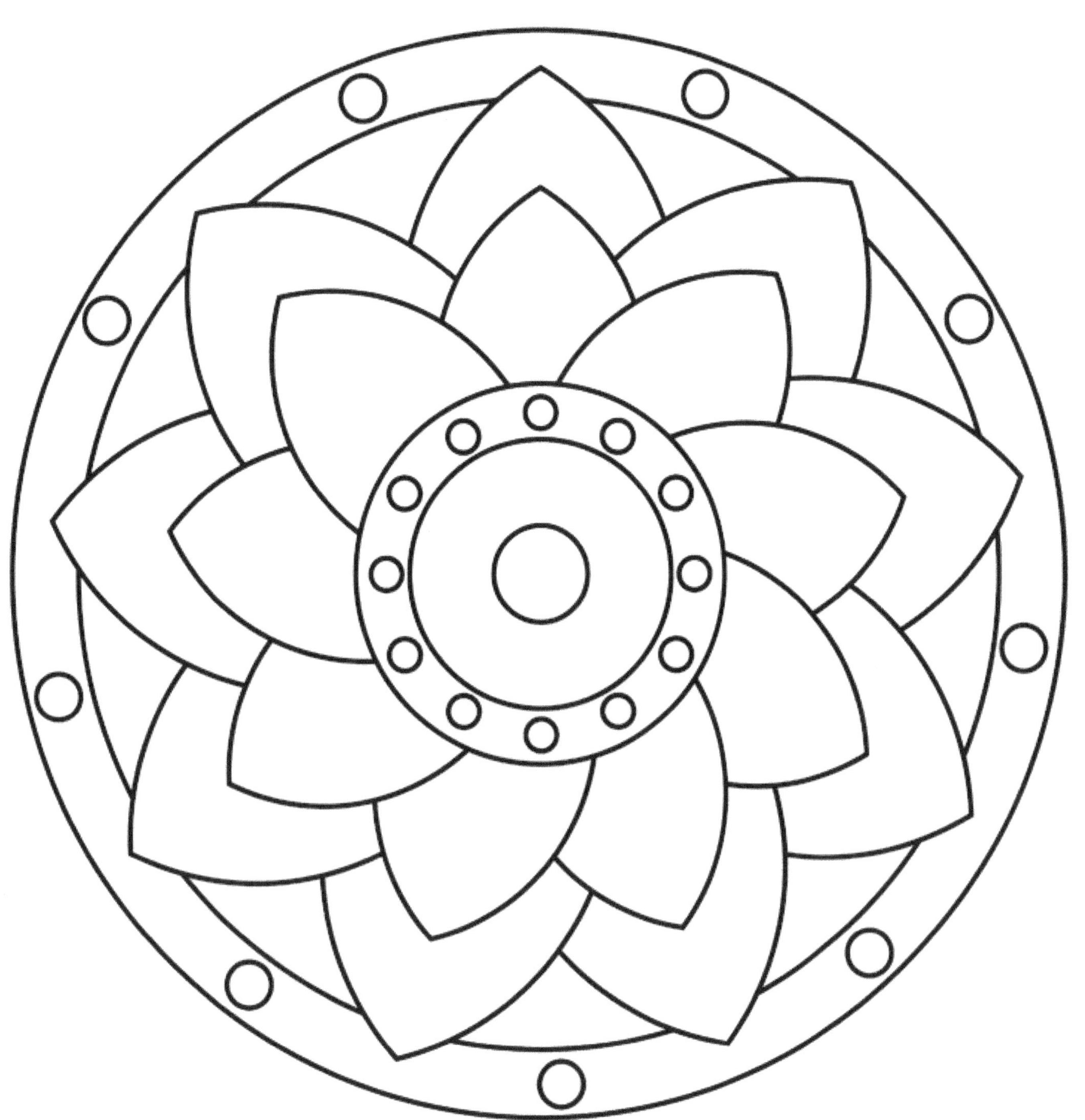

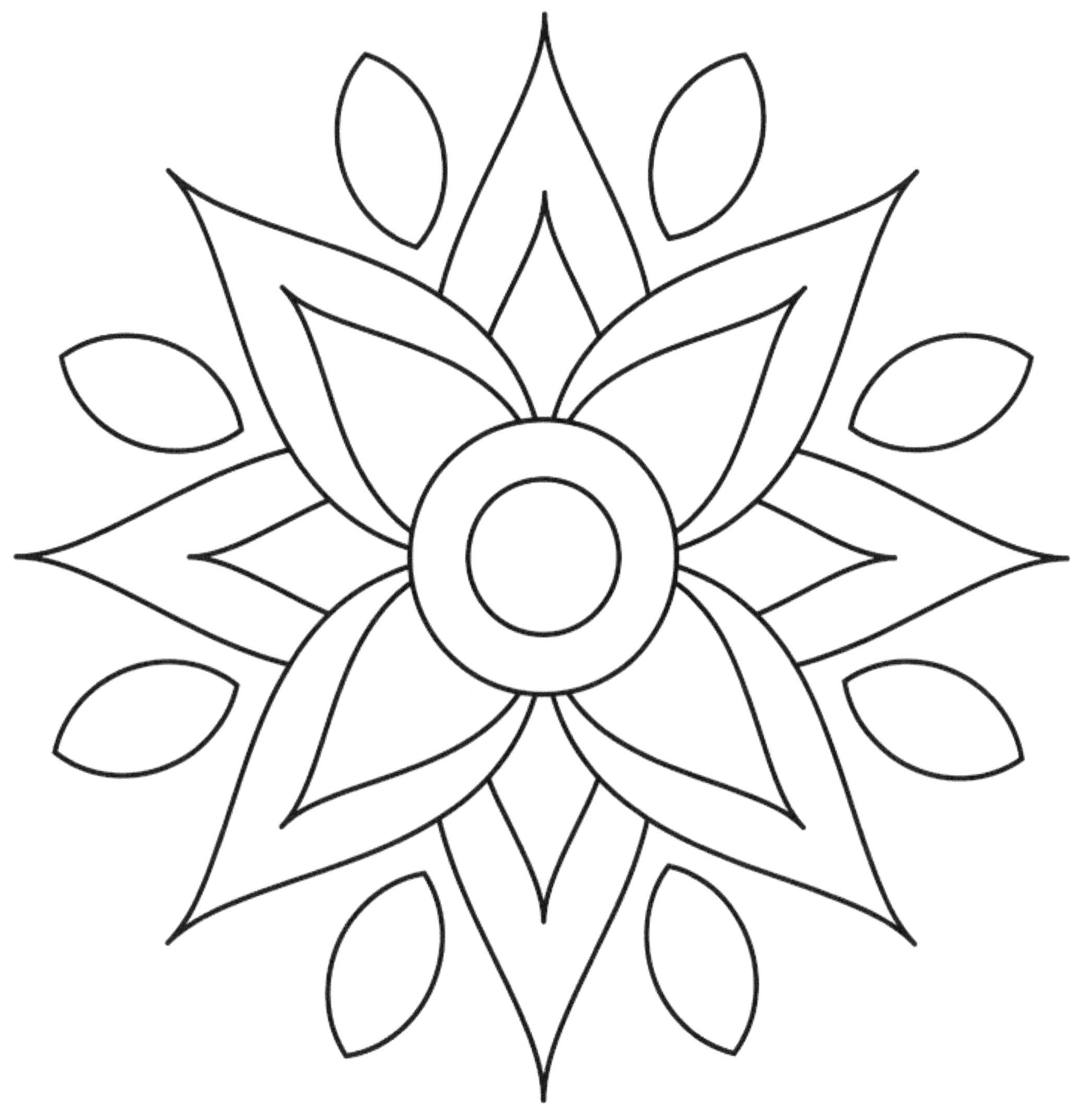

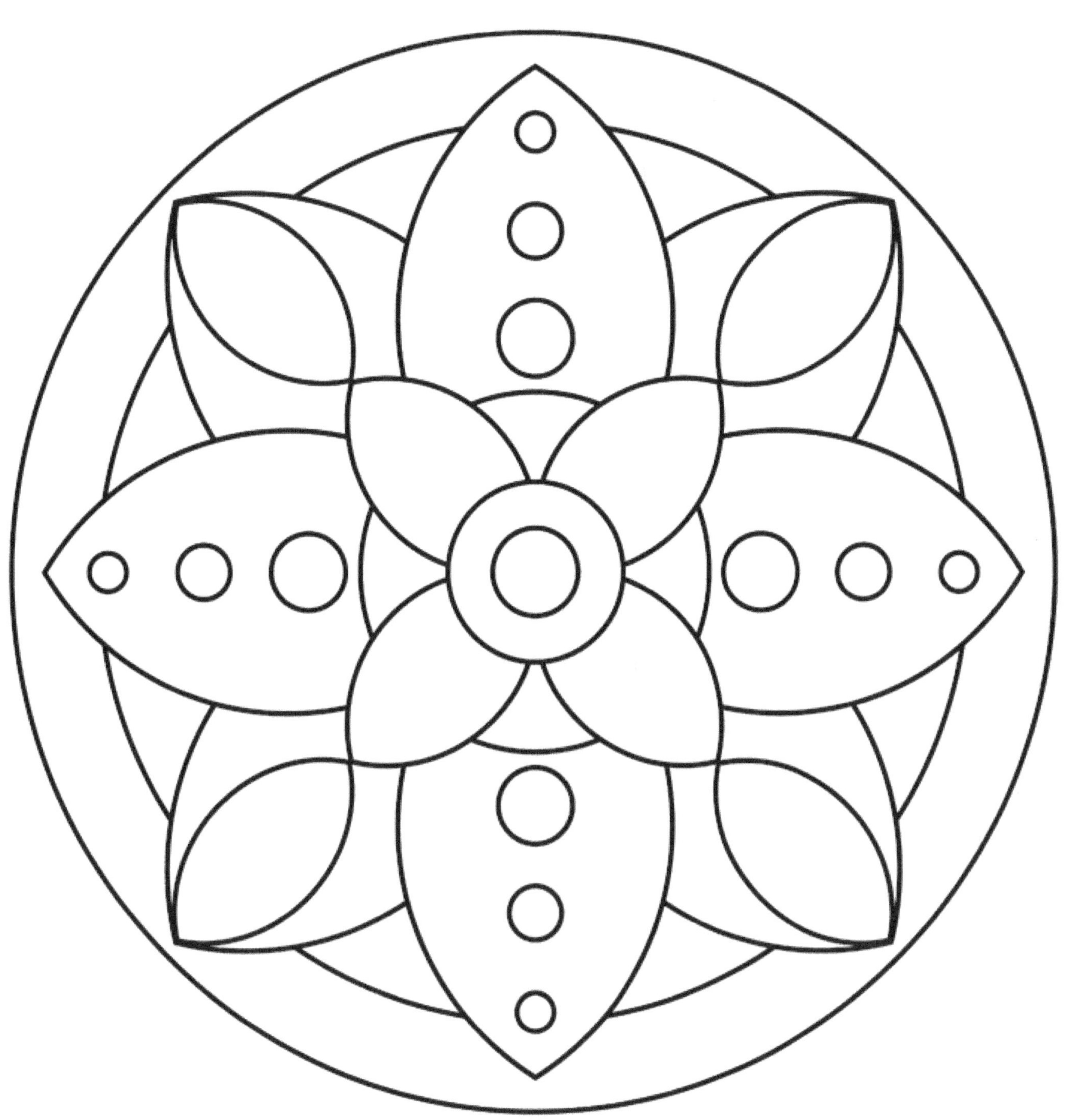

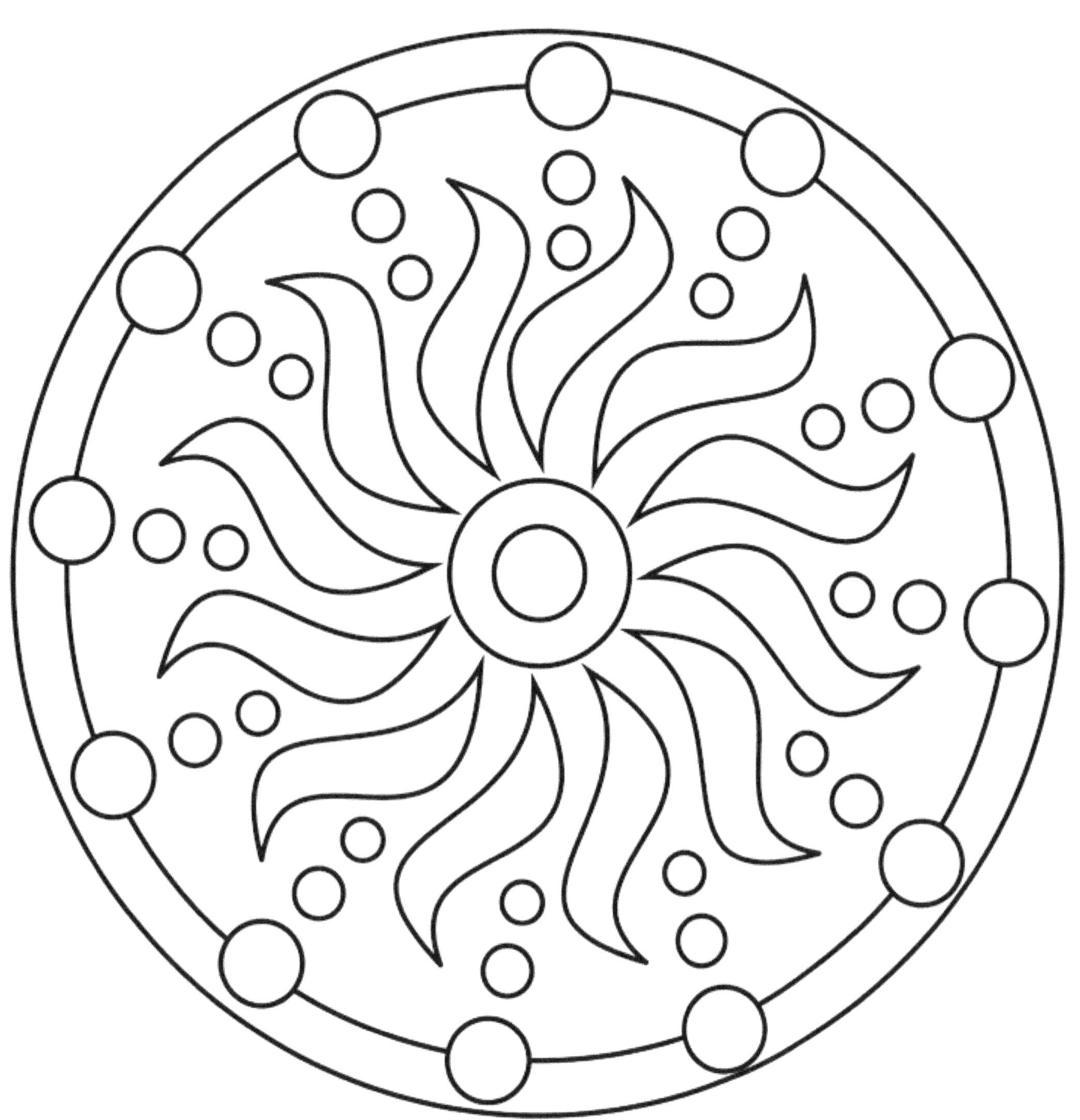

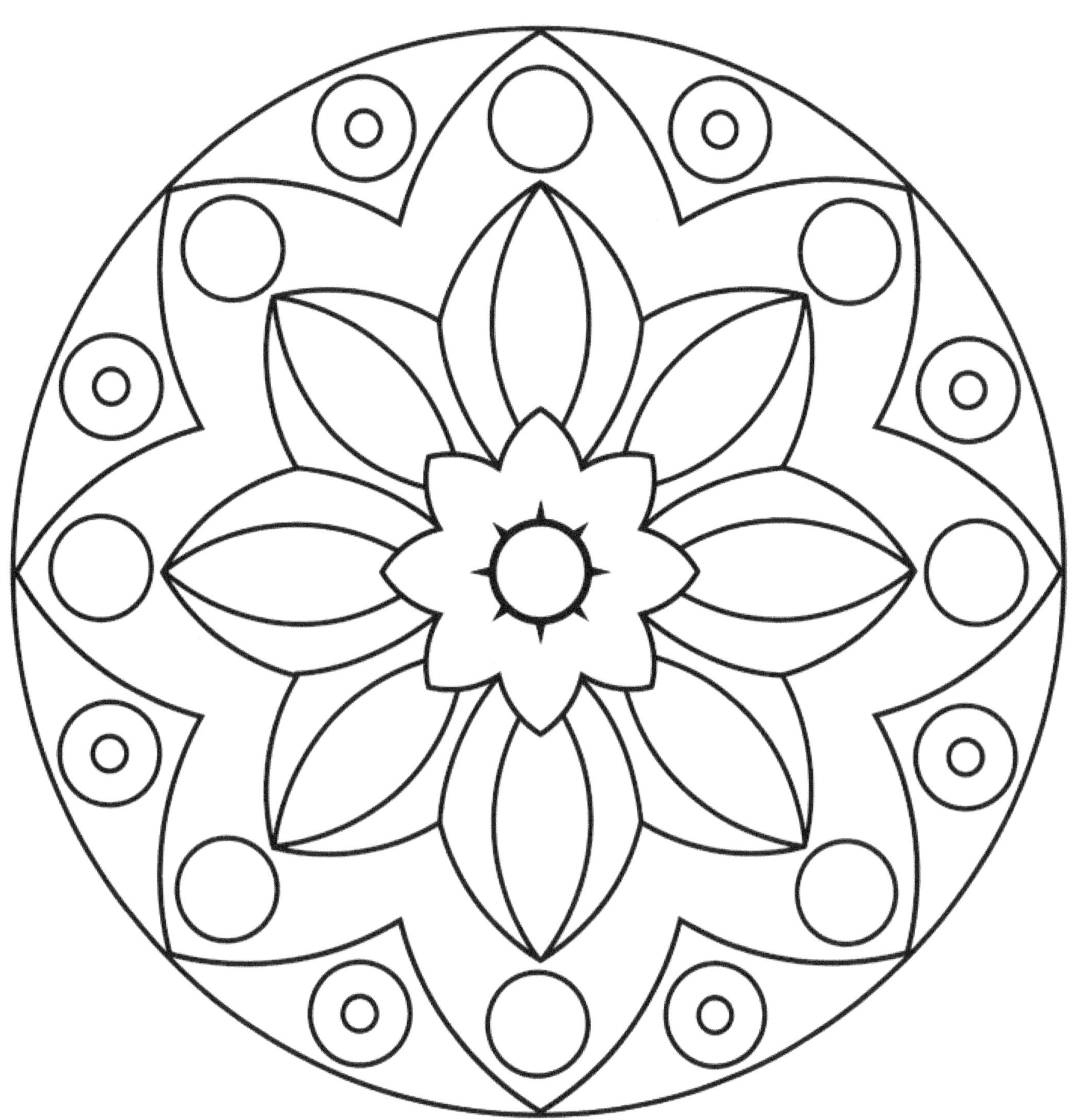

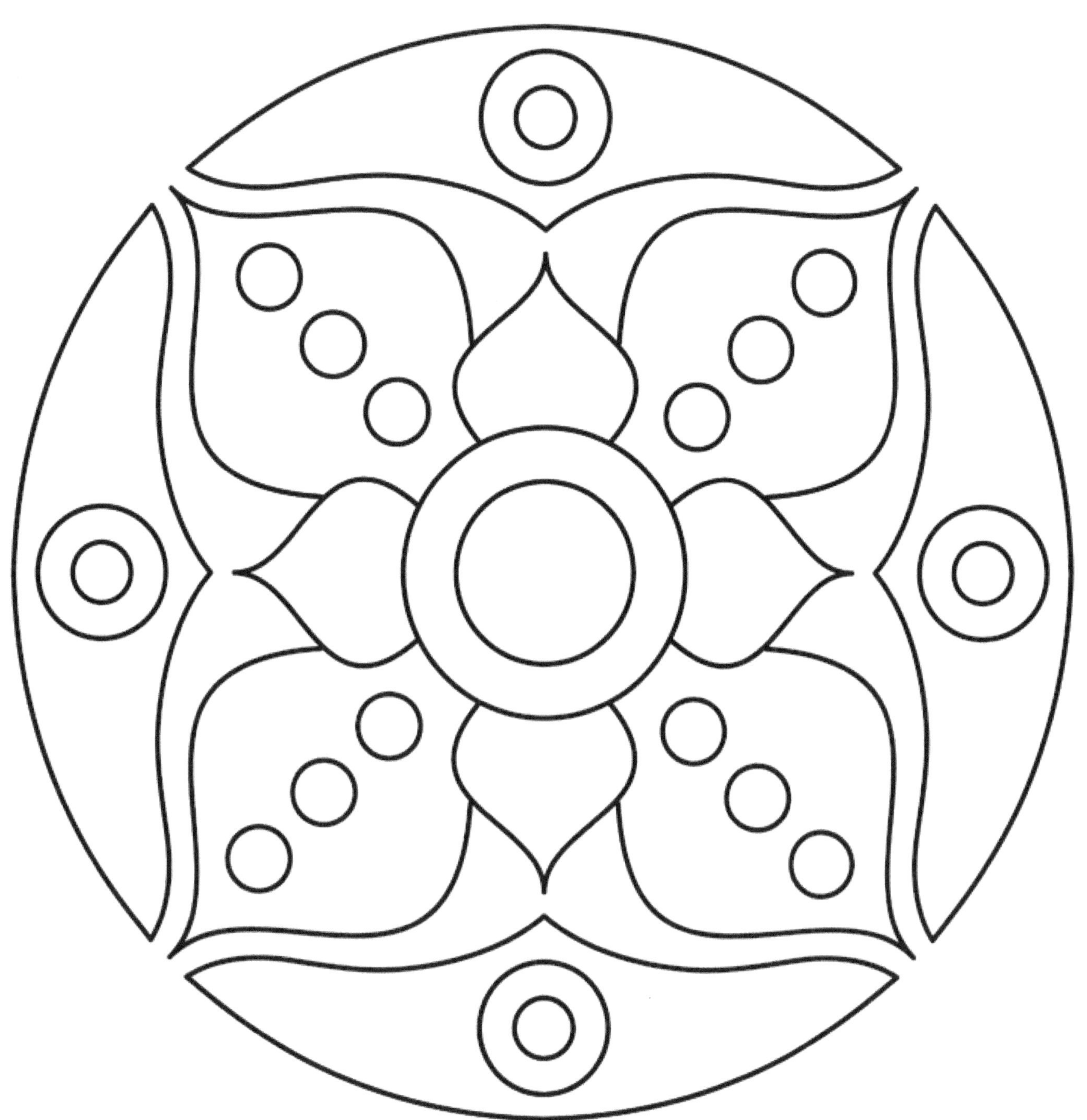

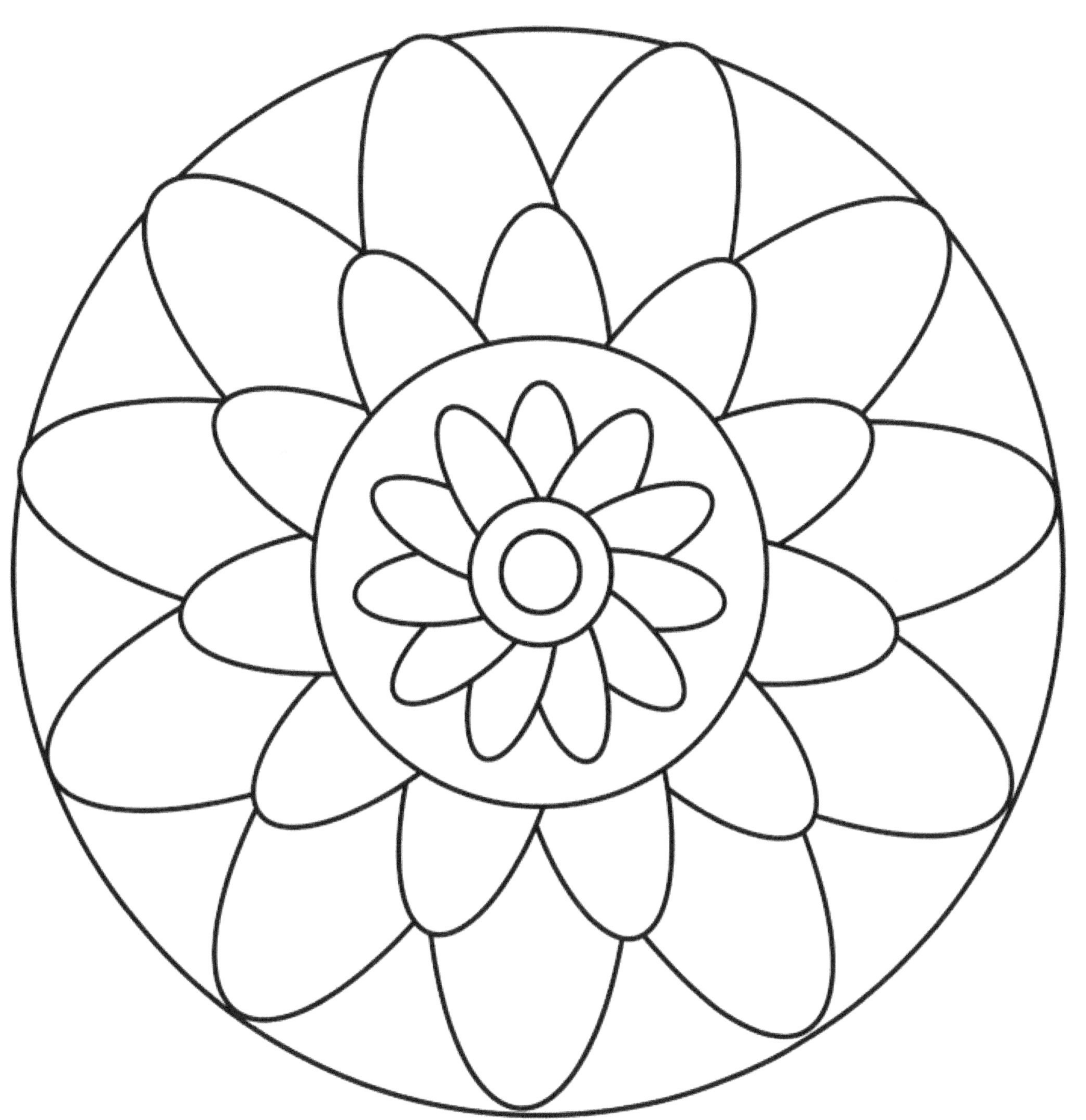

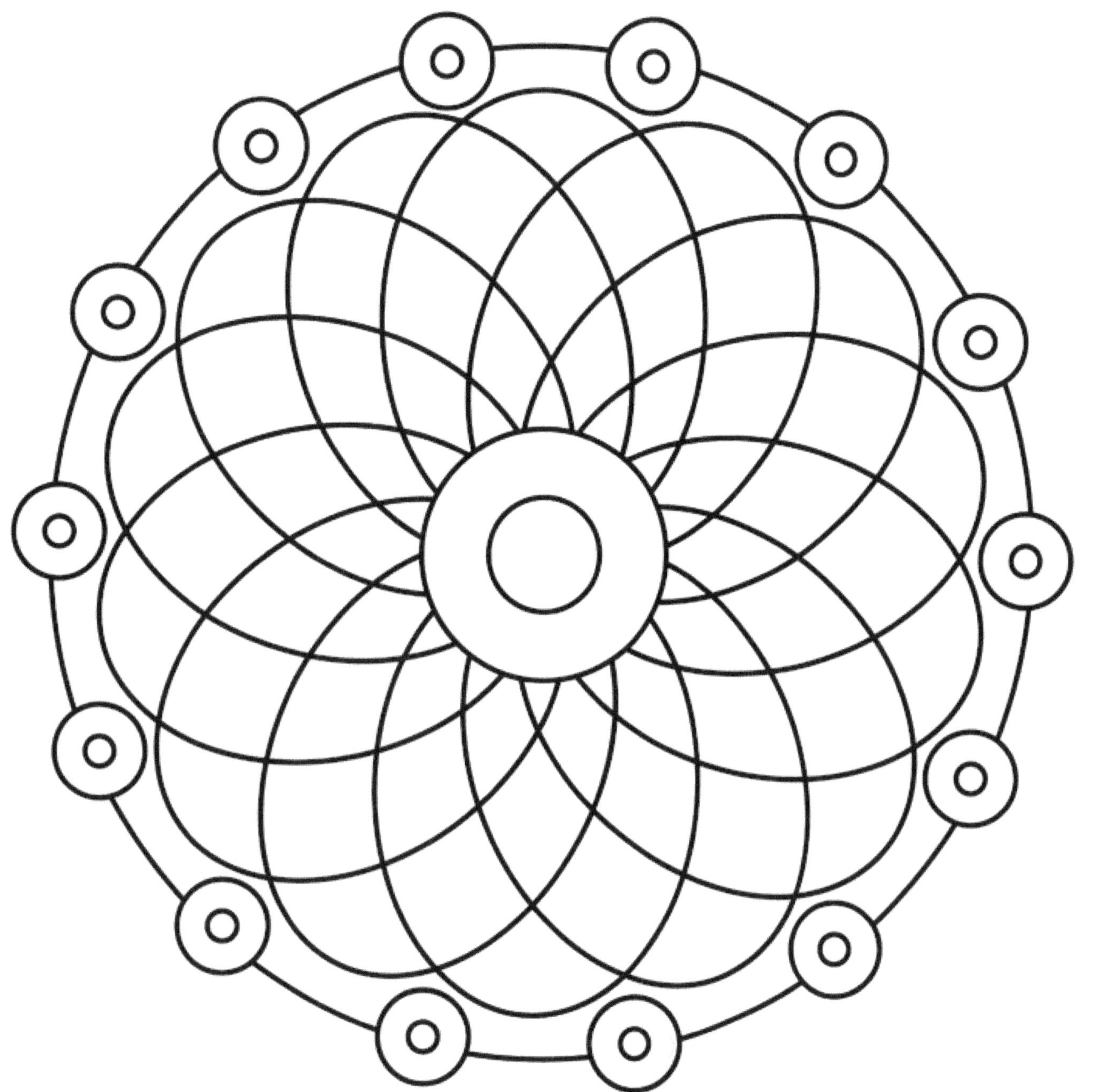

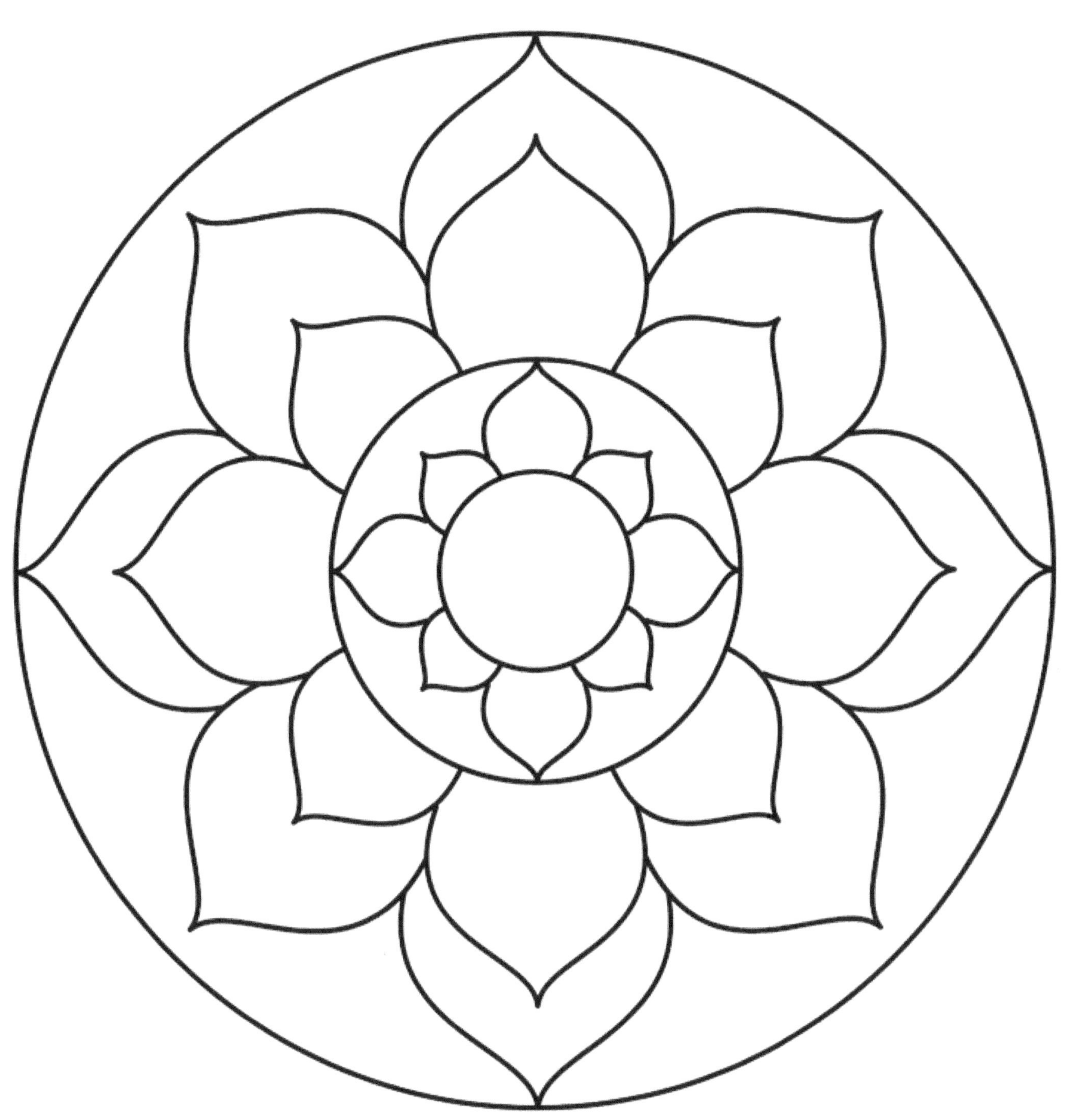

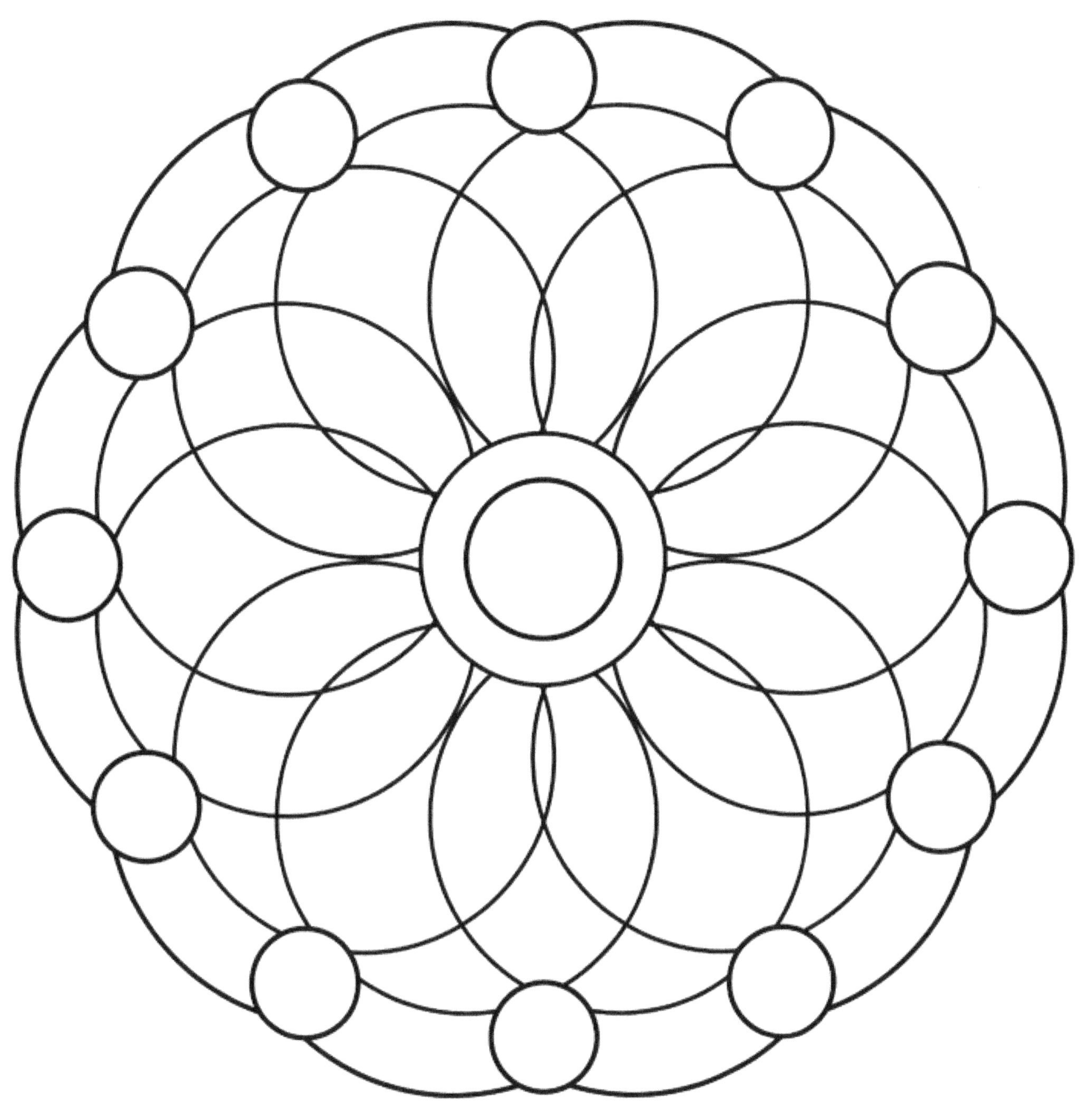

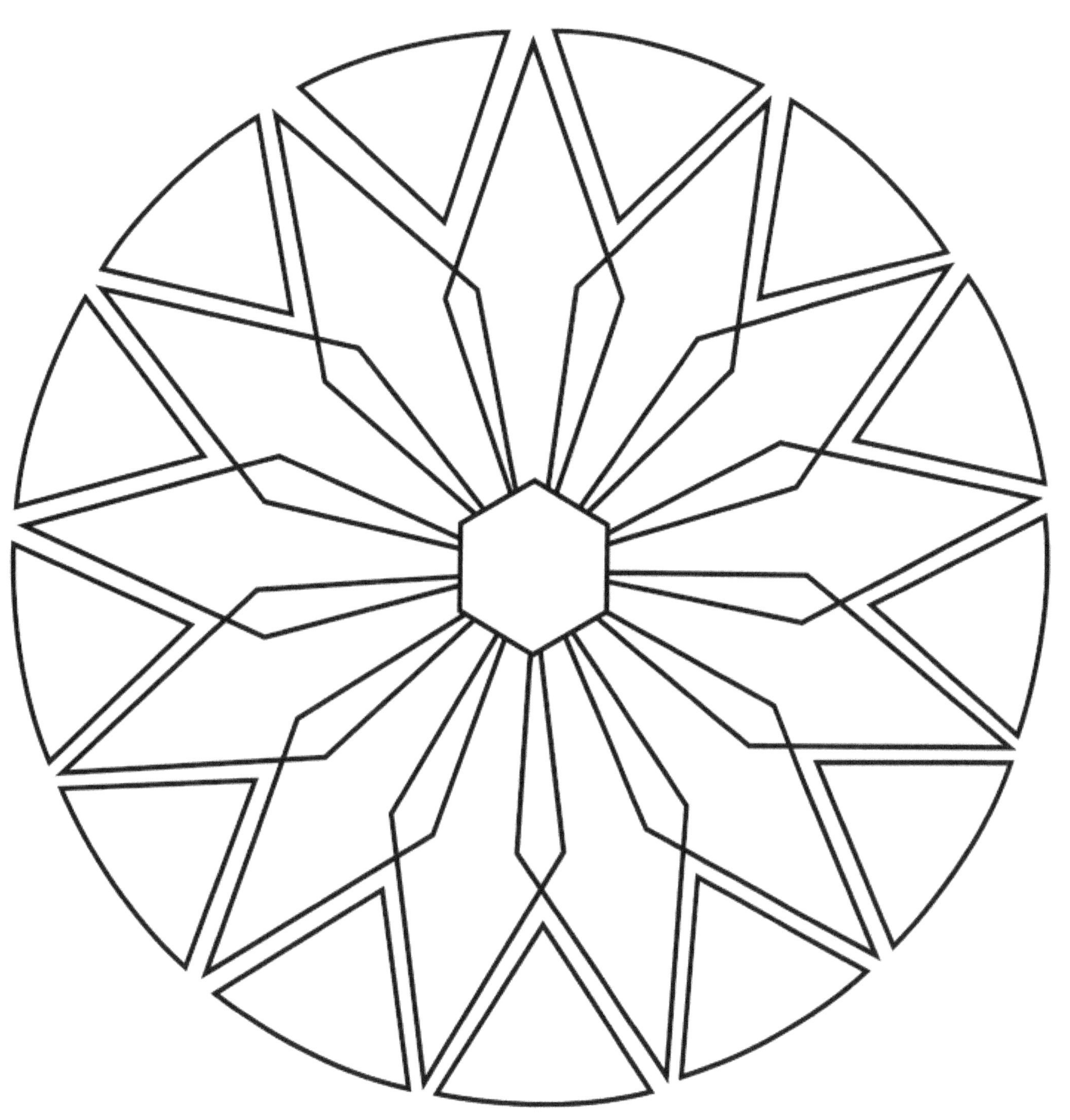

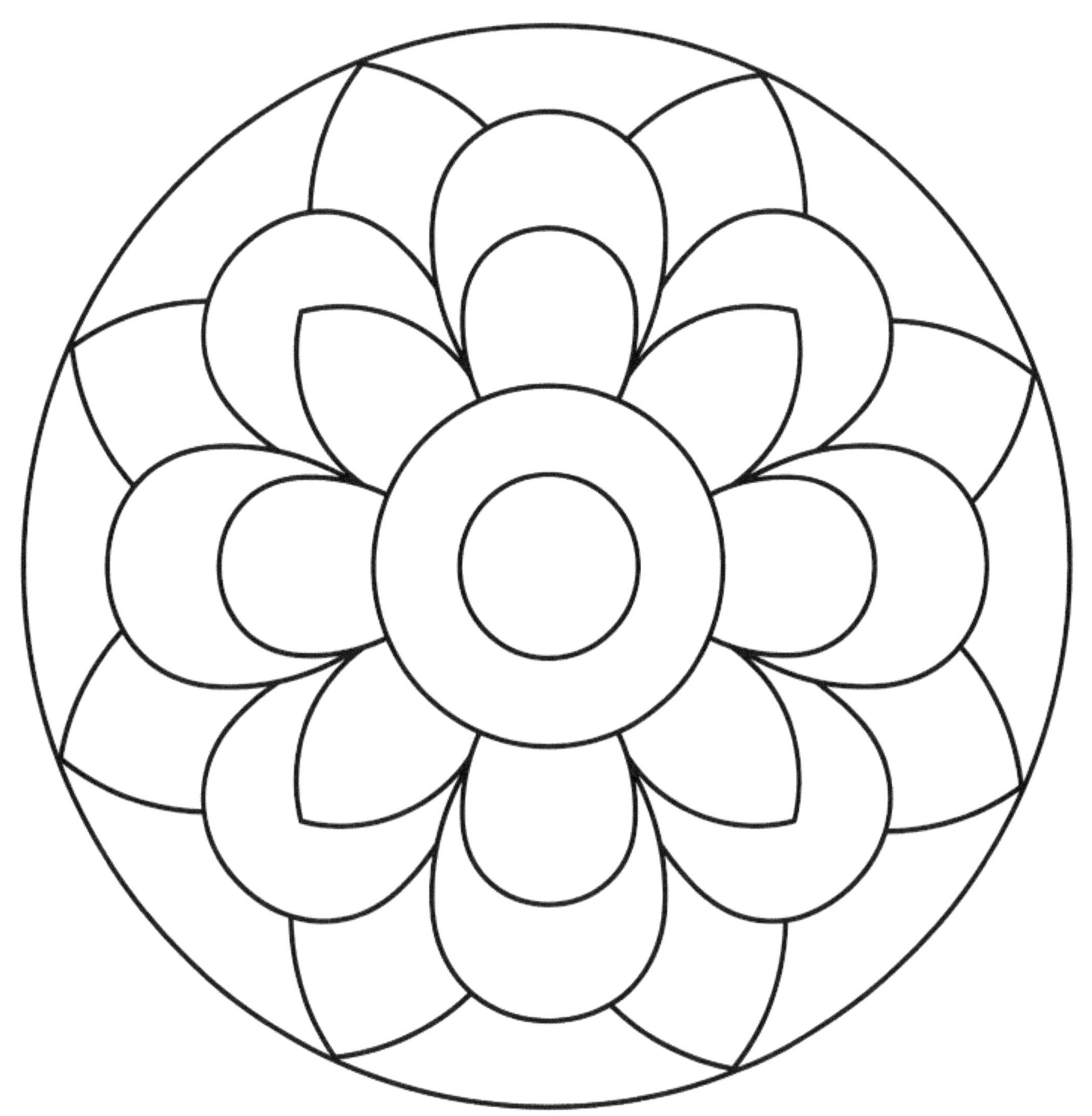

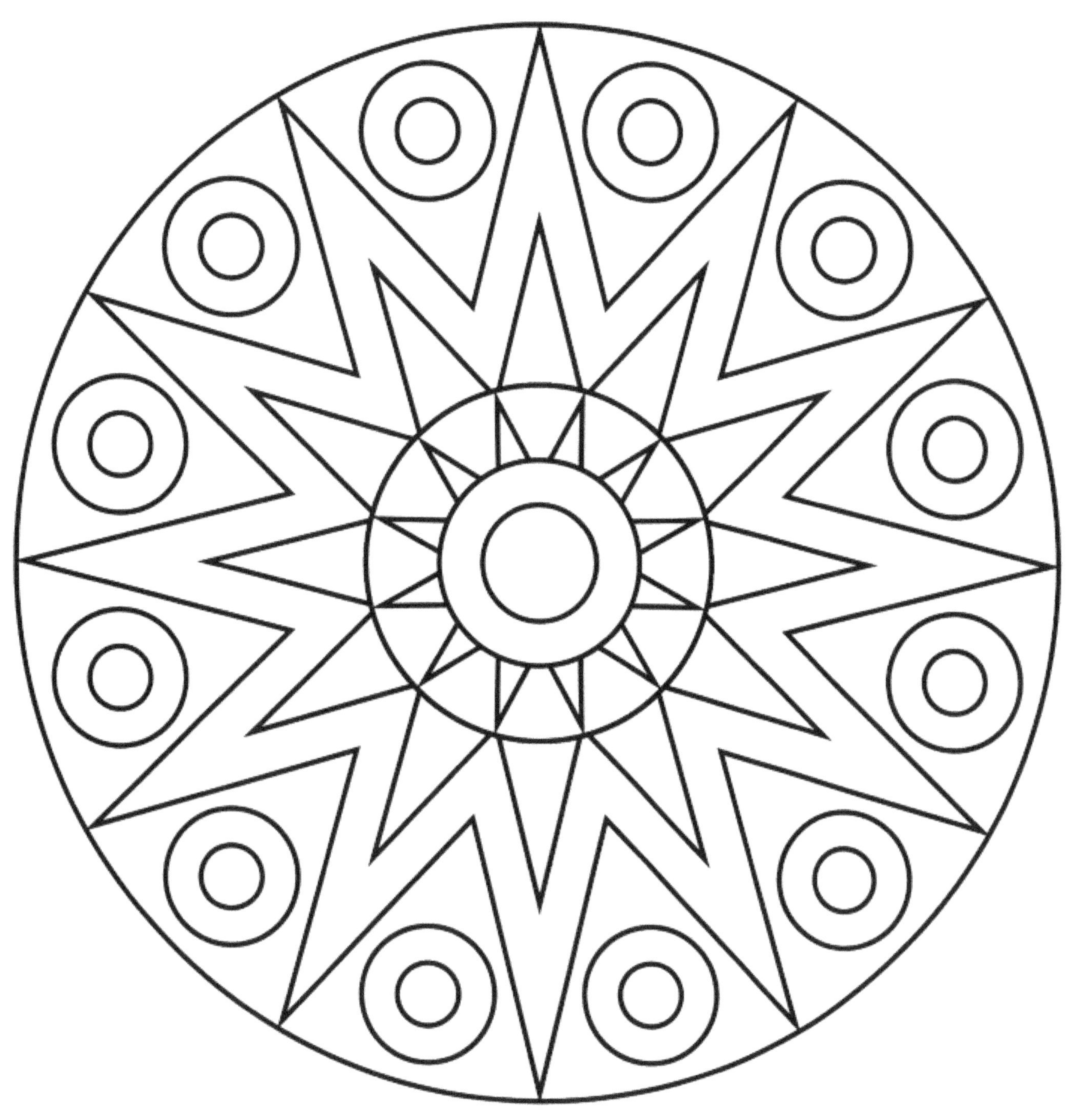

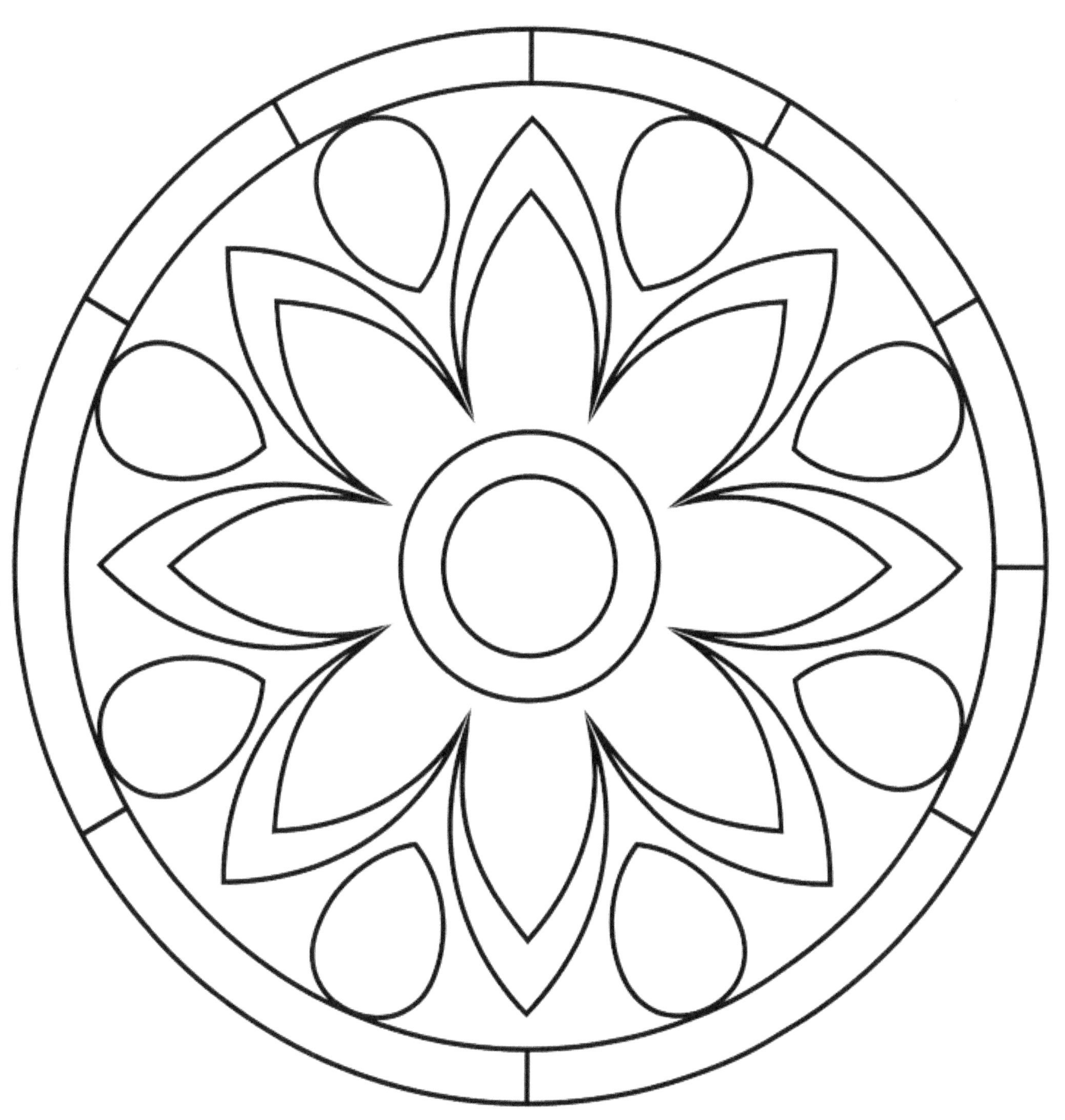

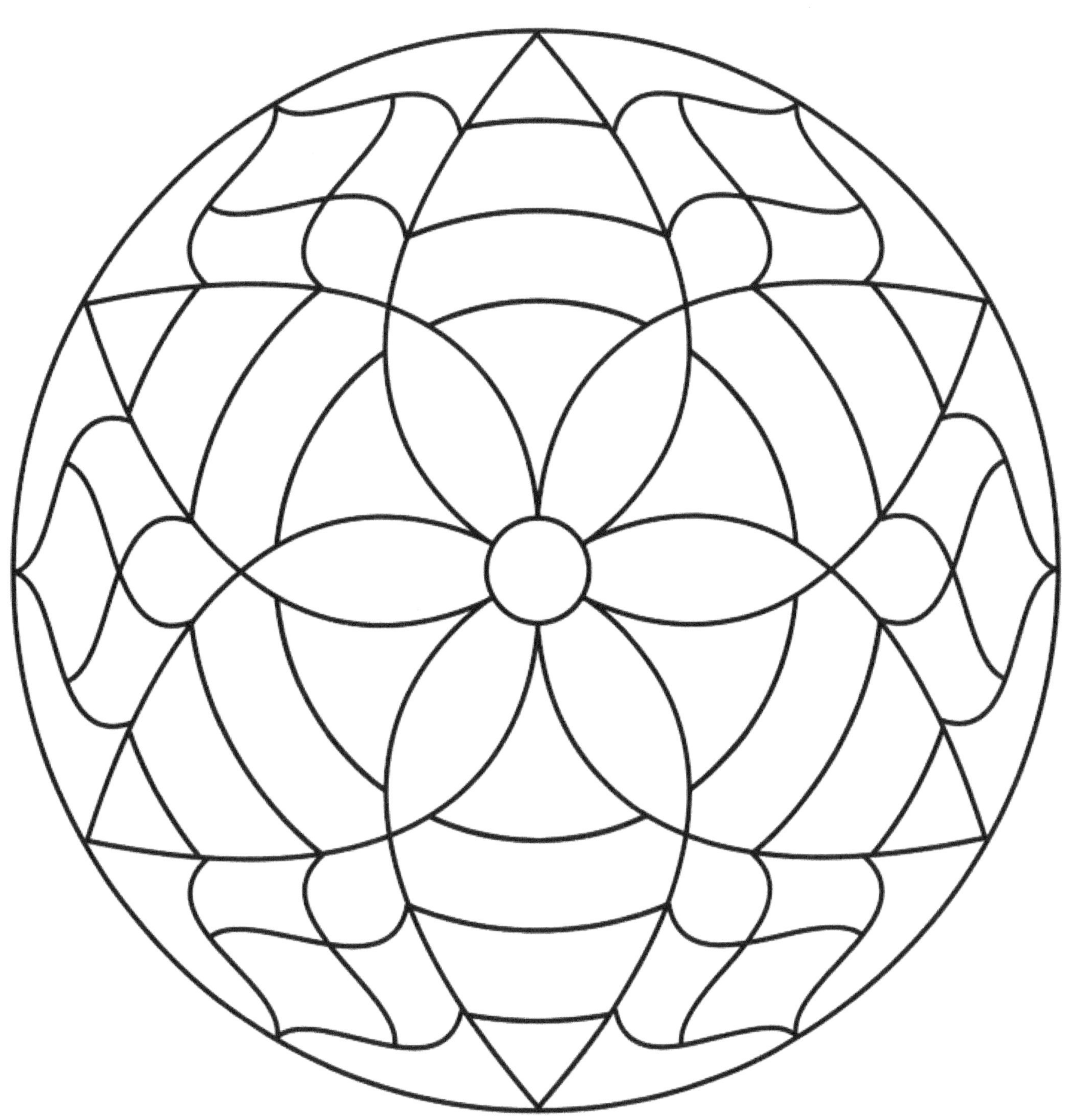

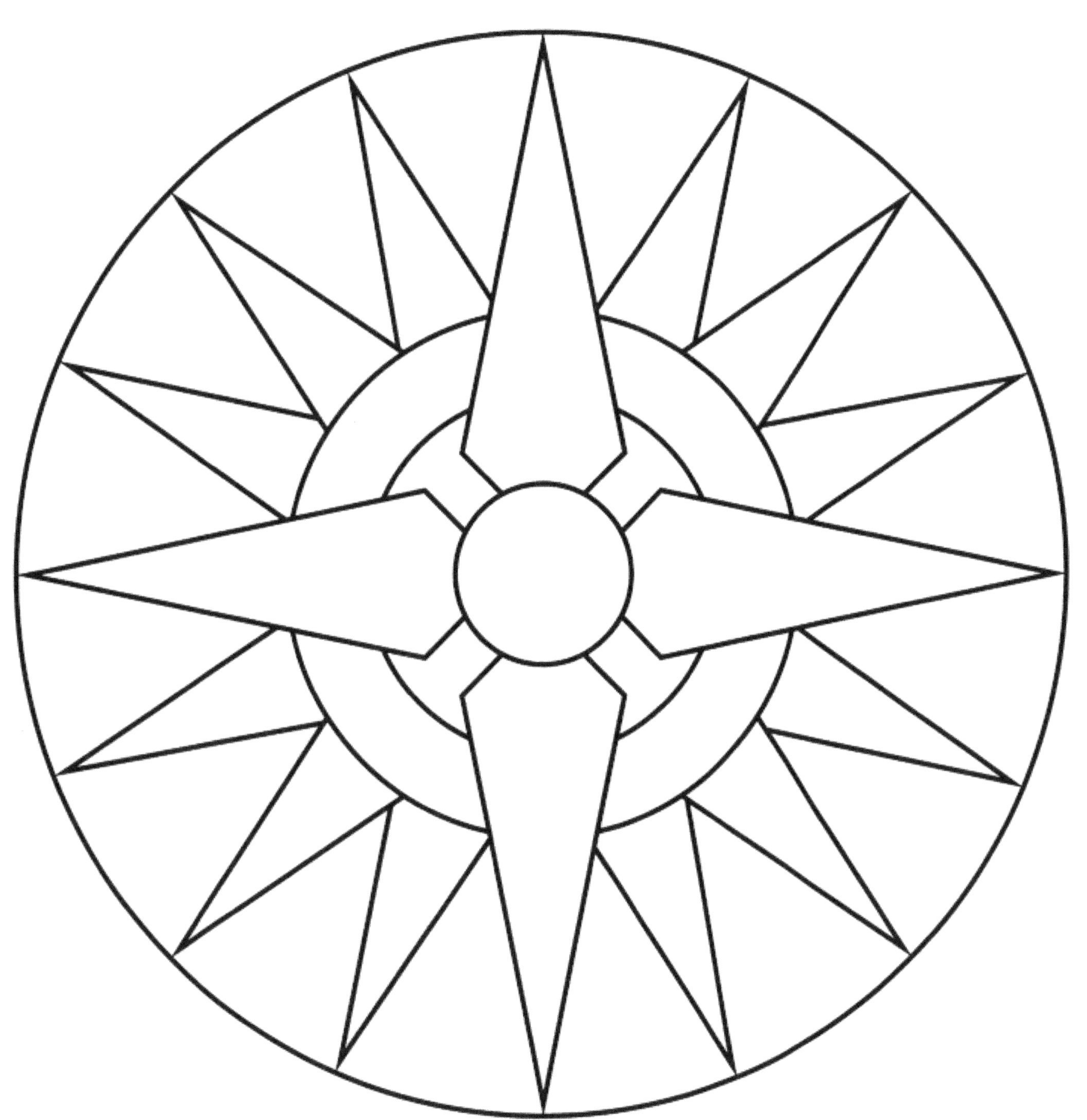

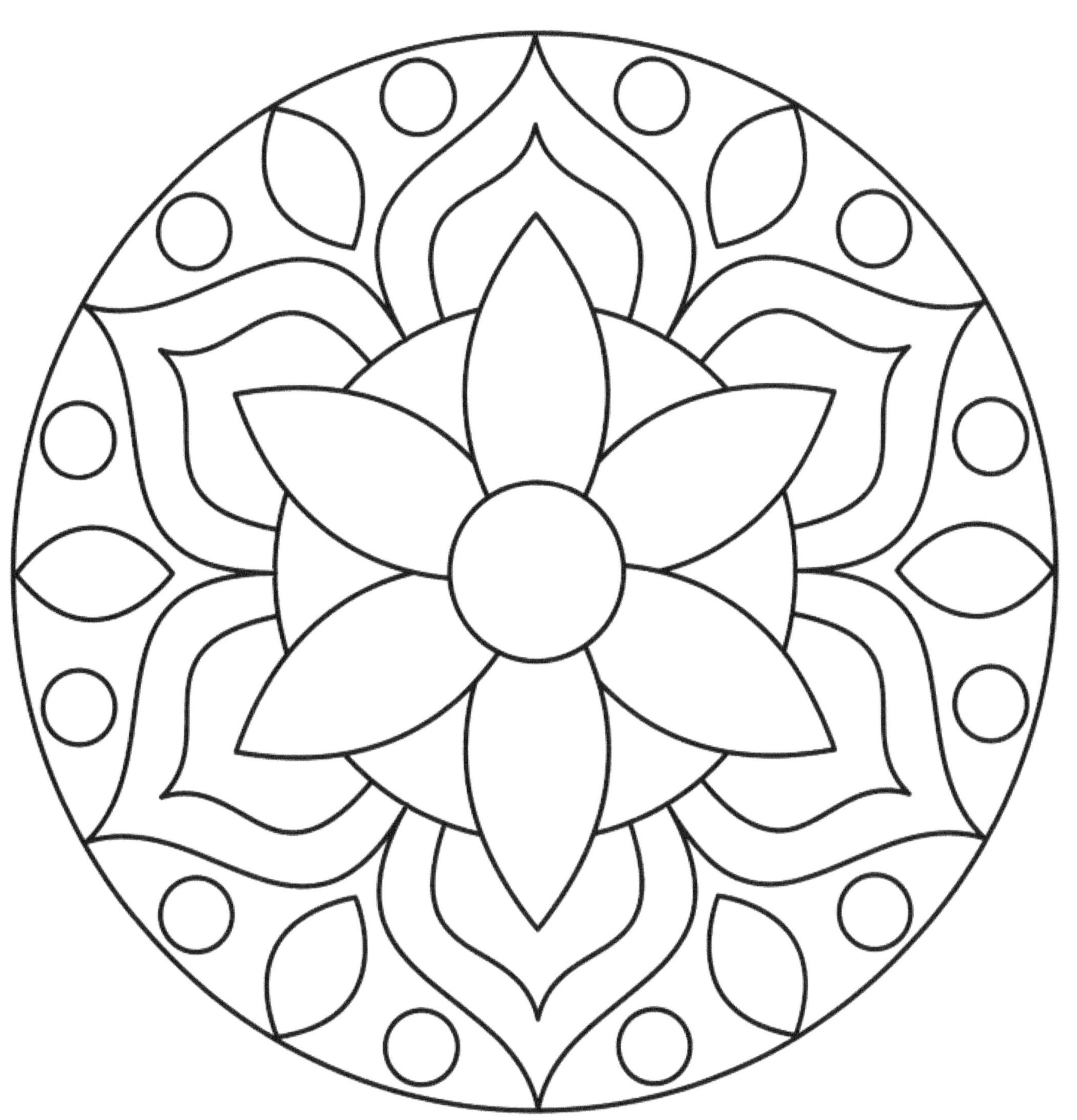